BIBLIOTHÈQUE ROSE ILLUSTRÉE

LES
GRANDES SCÈNES
DE LA NATURE

D'APRÈS LES DESCRIPTIONS

DE VOYAGEURS ET D'ÉCRIVAINS CÉLÈBRES

PAR

FERDINAND DE LANOYE

OUVRAGE ILLUSTRÉ DE 40 GRAVURES

PARIS

LIBRAIRIE HACHETTE ET Cie

79, BOULEVARD SAINT-GERMAIN, 79

—

PRIX : 2 FRANCS 25

LES
GRANDES SCÈNES
DE LA NATURE

1152 — PARIS. IMPRIMERIE LALOUX Fils et GUILLOT

7, rue des Canettes, 7

Cascade de Gavarnie.

LES
GRANDES SCÈNES
DE LA NATURE

D'APRÈS LES DESCRIPTIONS

DE VOYAGEURS ET D'ÉCRIVAINS CÉLÈBRES

PAR

FERDINAND DE LANOYE

OUVRAGE ILLUSTRÉ DE 46 GRAVURES

QUATRIÈME ÉDITION

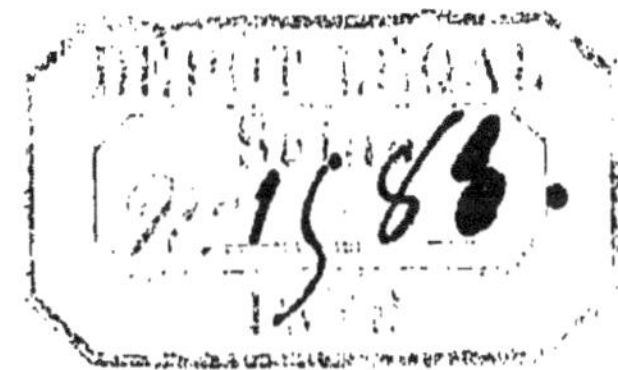

PARIS

LIBRAIRIE HACHETTE ET Cie

79, BOULEVARD SAINT-GERMAIN, 79

1878

A

HENRI DE LANOYE

Mon cher enfant,

Tout livre, si mince qu'il soit, doit avoir un but
Celui que je me suis proposé dans cette humble compi-
lation serait atteint, si un examen, plus ou moins attentif, des fragments dont elle se compose pouvait vous
inspirer, et inspirer aux lecteurs de votre âge, le désir
de les retrouver et de les relire dans les grands et beaux
ouvrages d'où je les ai tirés.

Fd DE L.

Paris, le 15 octobre 1862.

LES GRANDES SCÈNES

DE LA NATURE

AVANT-PROPOS

LA NATURE.

« La nature est le système des lois établies par le
Créateur pour l'existence des choses et pour la succession
des êtres. La nature n'est point une chose, car cette
chose serait tout; la nature n'est point un être, car cet
être serait Dieu; mais on peut la considérer comme une
puissance vive, immense, qui embrasse tout, qui anime
tout, et qui, subordonnée à celle du premier Être, n'a
commencé à agir que par son ordre, et n'agit encore que
par son concours et son consentement. Cette puissance
est, de la puissance divine, la partie qui se manifeste;
c'est en même temps la cause et l'effet, le mode et la
substance, le dessein et l'ouvrage. Bien différente de
l'art humain dont les productions ne sont que des ouvrages morts, la nature est elle-même un ouvrage perpétuellement vivant, un ouvrier sans cesse actif, qui sait
tout employer, qui, travaillant d'après soi-même, toujours sur le même fonds, bien loin de l'épuiser, le rend

1

inépuisable : le temps, l'espace et la matière sont ses moyens, l'univers son objet, le mouvement et la vie son but. »

A ce grand style, mon enfant, vous reconnaîtrez Buffon, celui de tous les hommes, peut-être, qui a trouvé le plus magnifique langage pour peindre les œuvres de Dieu.

« La nature, a-t-il dit encore, est le trône extérieur de la magnificence divine; l'homme qui la contemple, qui l'étudie, s'élève par degrés au trône intérieur de la Toute-Puissance. Créé pour être spectateur de l'univers et témoin de ses merveilles, l'étincelle divine dont il est animé le rend participant aux mystères divins; c'est par cette lumière qu'il pense et qu'il réfléchit, c'est par elle qu'il voit et lit dans le livre du monde, comme dans un exemplaire de la Divinité. »

Sans doute, mon enfant, il ne sera jamais donné qu'à un petit nombre d'êtres privilégiés de porter sur ce grand livre les regards pénétrants du génie; mais tous les esprits sains, tous les cœurs purs, peuvent l'étudier avec confiance, se contenter même de le contempler, avec la certitude d'en voir rejaillir jusqu'à eux comme un rayonnement salutaire, un charme souverain pour toutes les phases si variées de la vie : calme bienfaisant, repos réparateur, stimulant énergique aux heures d'anxiétés laborieuses, d'agitations et de luttes; calme encore, espérance et oubli, aux heures de l'infortune

LA TERRE.

Sans sortir des bornes étroites de la planète où Dieu nous a fait naître, quelles scènes variées, quels grands et sublimes spectacles ne nous offre pas la nature!

Parmi ces globes choisis entre les astres errants, celui que nous habitons paraît encore être privilégié : moins froid, moins éloigné que Saturne, Jupiter, Mars, il est aussi moins brûlant que Vénus et Mercure, qui paraissent trop voisins de l'astre de lumière.

Aussi, avec quelle magnificence la nature ne brille-t-elle pas sur la terre! Une lumière pure, s'étendant de l'orient au couchant, dore successivement les hémisphères de ce globe ; un élément transparent et léger l'environne ; une chaleur douce et féconde anime, fait éclore tous les germes de vie : des eaux vives et salutaires servent à leur entretien, à leur accroissement; des éminences distribuées dans le milieu des terres arrêtent les vapeurs de l'air, rendent ces sources intarissables et toujours nouvelles ; des cavités immenses faites pour les recevoir, partagent les continents : l'étendue de la mer est aussi grande que celle de la terre; ce n'est point un élément froid et stérile, c'est un nouvel empire aussi riche, aussi peuplé que le premier. Le doigt de Dieu a marqué leurs confins; si la mer anticipe sur les plages de l'Occident, elle laisse à découvert celles de l'Orient : cette masse immense d'eau, inactive par elle-même, suit les impressions des mouvements célestes; elle se balance par des oscillations régulières de flux et de reflux, elle s'élève et s'abaisse avec l'astre de la nuit, elle s'élève encore plus lorsqu'il concourt avec l'astre du jour, et que tous deux, réunissant leurs forces dans le temps des équinoxes, causent les grandes marées : notre correspondance avec le ciel n'est nulle part mieux marquée. De ces mouvements constants et généraux résultent des mouvements variables et particuliers, des transports de terre, des dépôts qui forment au fond des eaux des éminences semblables à celles que nous voyons sur la surface de la terre ; des courants qui, suivant la direction de ces chaînes de montagnes, leur donnent une figure dont tous les angles se correspondent, et, coulant au milieu des ondes comme les eaux coulent sur la terre, sont en effet les fleuves de la mer.

L'air, encore plus léger, plus fluide que l'eau, obéit aussi à un plus grand nombre de puissances ; l'action éloignée du soleil et de la lune, l'action immédiate de la mer, celle de la chaleur qui le raréfie, celle du froid qui le condense, y causent des agitations continuelles : les vents sont ses courants, ils poussent, ils assemblent les nuages, ils produisent les météores et transportent au-dessus de la surface aride des continents terrestres les vapeurs humides des plages maritimes ; ils déterminent les orages, répandent et distribuent les pluies fécondes et les rosées bienfaisantes ; ils troublent les mouvements de la mer, ils agitent la surface mobile des eaux, arrêtent ou précipitent les courants, les font rebrousser, soulèvent les flots, excitent les tempêtes ; la mer irritée s'élève vers le ciel, et vient en mugissant se briser contre des digues inébranlables qu'avec tous ses efforts elle ne peut ni détruire ni surmonter.

La terre, élevée au-dessus du niveau de la mer, est à l'abri de ses irruptions ; sa surface, émaillée de fleurs, parée d'une verdure toujours renouvelée et peuplée de mille et mille espèces d'animaux différents, est un lieu de repos, où l'homme placé pour seconder la nature préside à tous les êtres.

Associé pour ainsi dire à la création terrestre, il en fait lui-même le principal ornement ; il en est la production la plus noble : en se multipliant, il en multiplie le germe le plus précieux : elle-même aussi semble se multiplier avec lui ; il met au jour par son art tout ce qu'elle recélait dans son sein. Que de trésors ignorés! que de richesses nouvelles! Les fleurs, les fruits, les grains perfectionnés, multipliés à l'infini; les espèces utiles d'animaux transportées, propagées, augmentées sans nombre; les espèces nuisibles réduites, confinées, reléguées; l'or, et le fer plus nécessaire que l'or, tirés des entrailles de la terre; les torrents contenus, les fleu-ves dirigés, resserrés; la mer soumise, reconnue, traversée d'un hémisphère à l'autre; la terre accessible partout, partout rendue aussi vivante que féconde; dans les vallées, de riantes prairies; dans les plaines, de riches pâturages ou des moissons encore plus riches; les collines chargées de vignes et de fruits, leurs sommets couronnés d'arbres utiles et de jeunes forêts; les déserts, devenus des cités, habités par un peuple immense, qui, circulant sans cesse, se répand de ces centres jusqu'aux extrémités; des routes ouvertes ou fréquentées, des communications établies partout, comme autant de témoins de la force et de l'union de la société: mille autres monuments de puissance et de gloire démontrent assez que l'homme, maître du domaine de la terre, en a changé, renouvelé la surface entière, et que de tout temps il partage l'empire avec la nature.

Cependant il ne règne que par droit de conquête; il jouit plutôt qu'il ne possède, il ne conserve que par des soins toujours renouvelés. S'ils cessent, tout languit, tout s'altère, tout change, tout rentre sous la main de la nature: elle reprend ses droits, efface les ouvrages de l'homme, couvre de poussière et de mousse ses plus fastueux monuments, les détruit avec le temps, et ne lui laisse que le regret d'avoir perdu, par sa faute, ce que ses ancêtres avaient conquis par leurs travaux.

(BUFFON.)

L'ATMOSPHÈRE

THÉORIE DE L'AURORE.

Les rayons qui se plient pour s'approcher de nous passent au-dessus de nos têtes avant de nous atteindre ; ils se réfléchissent sur les particules grossières de l'air pour former d'abord une faible lueur, incessamment augmentée, qui annonce et qui devient bientôt le jour. Cette lueur est l'aurore. La lumière décomposée peint les nuages, et forme ces couleurs brillantes qui précèdent le lever du soleil : c'est dans ce phénomène coloré de la réfraction que les poëtes ont vu la déesse du matin ; elle ouvre les portes du jour avec ses doigts de rose, et la fille de l'air et du soleil a son trône dans l'atmosphère. Si cette atmosphère n'existait pas, si les rayons nous parvenaient en ligne droite, l'apparition et la disparition du soleil seraient instantanées ; le grand éclat du jour succéderait à la profonde nuit, et des ténèbres épaisses prendraient tout d'un coup la place du plus beau jour. La réfraction est donc utile à la terre, non-seulement parce qu'elle nous fait jouir quelques moments de plus de la présence du soleil, mais parce qu'en nous donnant les crépuscules elle prolonge la du-

rée de la lumière ; et la nature a établi des gradations
pour préparer nos plaisirs, pour diminuer nos regrets.
Nous voyons poindre le jour comme une faible espérance ; il s'échappe sans qu'on y songe, et la lumière se
perd comme nos forces, comme la santé, les plaisirs, la
vie même, sans que nous nous en apercevions.

(BAILLY, *Astronomie moderne.*)

LE LEVER DU SOLEIL.

Par une belle soirée, on va se promener dans un lieu
favorable, où l'horizon bien découvert laisse voir à plein
le soleil couchant, et l'on observe les objets qui rendent
reconnaissable le lieu de son coucher. Le lendemain,
pour respirer le frais, on retourne au même lieu avant
que le soleil se lève. On le voit s'annoncer de loin par
les traits de feu qu'il lance au-devant de lui. L'incendie
augmente, l'orient paraît tout en flammes : à leur éclat,
on attend l'astre longtemps avant qu'il se montre ; à
chaque instant on croit le voir paraître ; on le voit enfin. Un point brillant part comme un éclair, et remplit
aussitôt tout l'espace ; le voile des ténèbres s'efface et
tombe. L'homme reconnaît son séjour et le trouve em-
belli. La verdure a pris durant la nuit une vigueur
nouvelle ; le jour naissant qui l'éclaire, les premiers
rayons qui la dorent, la montrent couverte d'un brillant réseau de rosée qui réfléchit à l'œil la lumière et
les couleurs. Les oiseaux en chœur se réunissent et sa-
luent de concert le père de la vie ; en ce moment, pas
un seul ne se tait ; leur gazouillement, faible encore,
est plus lent et plus doux que dans le reste de la journée ; il se sent de la langueur d'un paisible réveil. Le
concours de tous ces objets porte aux sens une impres-

sion de fraîcheur qui semble pénétrer jusqu'à l'âme. Il
y a là une demi-heure d'enchantement auquel nul
homme ne résiste; un spectacle si grand, si beau, si
délicieux, n'en laisse aucun de sang-froid.

(JEAN-JACQUES ROUSSEAU, *Émile*, livre III.)

LA NUIT.

Un soir je m'étais égaré dans une forêt, à quelque
distance de la cataracte du Niagara; bientôt je vis le
jour s'éteindre autour de moi, et je goûtai, dans toute
sa solitude, le beau spectacle d'une nuit dans les déserts
du nouveau monde.

Une heure après le coucher du soleil, la lune se
montra au-dessus des arbres à l'horizon opposé. Une
brise embaumée, que cette reine des nuits amenait de
l'orient avec elle, semblait la précéder dans les forêts
comme sa fraîche haleine. L'astre solitaire monta peu
à peu dans le ciel : tantôt il suivait paisiblement sa
course azurée; tantôt il reposait sur des groupes de
nues qui ressemblaient à la cime de hautes montagnes
couronnées de neige. Ces nues, ployant et déployant
leurs voiles, se déroulaient en zones diaphanes de satin
blanc, se dispersaient en légers flocons d'écume, ou
formaient dans les cieux des bancs d'une ouate éblouissante, si doux à l'œil, qu'on croyait ressentir leur mol-
lesse et leur élasticité.

La scène sur la terre n'était pas moins ravissante :
le jour bleuâtre et velouté de la lune descendait dans
les intervalles des arbres et poussait des gerbes de lumière jusque dans l'épaisseur des plus profondes ténèbres. La rivière qui coulait à mes pieds tour à tour se

perdait dans le bois, tour à tour reparaissait brillante
des constellations de la nuit, qu'elle répétait dans son
sein. Dans une savane, de l'autre côté de la rivière, la
clarté de la lune dormait sans mouvement sur les gazons ; des bouleaux agités par les brises et dispersés çà
et là formaient des îles d'ombre flottantes sur cette mer
immobile de lumière. Auprès, tout aurait été silence et
repos, sans la chute de quelques feuilles, le passage
d'un vent subit, le gémissement de la hulotte ; au loin,
par intervalles, on entendait les sourds mugissements de
la cataracte du Niagara, qui, dans le calme de la nuit,
se prolongeaient de désert en désert et expiraient à travers les forêts solitaires.

La grandeur, l'étonnante mélancolie de ce tableau,
ne saurait s'exprimer dans les langues humaines ; les
plus belles nuits en Europe ne peuvent en donner une
idée. En vain dans nos champs cultivés l'imagination
cherche à s'étendre ; elle rencontre de toutes parts les
habitations des hommes , mais dans ces régions sauvages l'âme se plaît à s'enfoncer dans un océan de forêts,
à planer sur le gouffre des cataractes, à méditer au bord
des lacs et des fleuves, et, pour ainsi dire, à se trouver
seule devant Dieu.

(CHATEAUBRIAND, *Génie du Christianisme.*)

LES NUAGES.

Lorsque j'étais en pleine mer et que je n'avais d'autre spectacle que le ciel et l'eau, je m'amusais quelquefois à dessiner les beaux nuages blancs et gris, semblables à des groupes de montagnes, qui voguaient à la
suite les uns des autres sur l'azur des cieux. C'était
surtout vers la fin du jour qu'ils développaient toute

leur beauté en se réunissant au couchant, où ils se re-
vêtaient des plus riches couleurs et se combinaient sous
les formes les plus magnifiques.

Un soir, environ une demi-heure avant le coucher du
soleil, le vent alizé du sud-est se ralentit, comme il arrive d'ordinaire vers ce temps. Les nuages, qu'il voiture dans le ciel à des distances égales comme son souffle, devinrent plus rares, et ceux de la partie de l'ouest
s'arrêtèrent et se groupèrent entre eux sous les formes
d'un paysage. Ils représentaient une grande terre formée de hautes montagnes, séparées par des vallées profondes, et surmontées de rochers pyramidaux. Sur
leurs sommets et leurs flancs apparaissaient des brouil-
lards détachés, semblables à ceux qui s'élèvent des
terres véritables. Un long fleuve semblait circuler dans
leurs vallons et tomber çà et là en cataractes; il était
traversé par un grand pont, appuyé sur des arcades à
demi ruinées. Des bosquets de cocotiers, au centre desquels on entrevoyait des habitations, s'élevaient sur les
groupes et les profils de cette île aérienne. Tous ces
objets n'étaient point revêtus de ces riches teintes de
pourpre, de jaune doré, de nacarat, d'émeraudes, si
communes le soir dans les couchants de ces parages;
ce paysage n'était point un tableau colorié : c'était une
simple estampe, où se réunissaient tous les accords de
la lumière et des ombres. Il représentait une contrée
éclairée, non en face des rayons du soleil, mais, par
derrière, de leurs simples reflets. En effet, dès que l'astre du jour se fut caché derrière lui, quelques-uns de
ces rayons décomposés éclairèrent les arcades demi-
transparentes du pont d'une couleur ponceau, se réflé-
tèrent dans les vallons et au sommet des rochers, tandis
que des torrents de lumière couvraient ses contours de

l'or le plus pur, et divergeaient vers les cieux comme
les rayons d'une gloire ; mais la masse entière resta
dans sa demi-teinte obscure, et on voyait autour des
nuages qui s'élevaient de ses flancs, les lueurs des tonnerres dont on entendait les roulements lointains. On
aurait juré que c'était une terre véritable, située environ à une lieue et demie de nous. Peut-être était-ce une
de ces réverbérations célestes de quelque île très-éloi-
gnée, dont les nuages nous répétaient la forme par leurs
reflets, et les tonnerres par leurs échos. Plus d'une fois
des marins expérimentés ont été trompés par de semblables aspects. Quoi qu'il en soit, tout cet appareil fantastique de magnificence et de terreur, ces montagnes
surmontées de palmiers, ces orages qui grondaient sur
leurs sommets, ce fleuve, ce pont, tout se fondit et disparut à l'arrivée de la nuit comme les illusions du
monde aux approches de la mort. L'astre des nuits, la
triple Hécate, qui répète par des harmonies plus douces
celles de l'astre du jour, en se levant sur l'horizon, dis-
sipa l'empire de la lumière et fit régner celui des ombres. Bientôt des étoiles innombrables et d'un éclat
éternel brillèrent au sein des ténèbres. Oh ! si le jour
n'est lui-même qu'une image de la vie, si les heures
rapides de l'aube, du matin, du midi et du soir, représentent les âges si fugitifs de l'enfance, de la jeunesse,
de la virilité et de la vieillesse, la mort, comme la nuit,
doit nous découvrir aussi de nouveaux cieux et de nouveaux mondes !

(BERNARDIN DE SAINT-PIERRE, Harmonies de la Nature.)

AURORE BORÉALE.

D'intimes rapports unissent le magnétisme du globe et les forces électro-magnétiques à la production de la lumière polaire ainsi qu'à la chaleur de notre planète, dont les pôles magnétiques peuvent être regardés comme des pôles de froid. Il ne faut pas considérer l'aurore boréale comme la cause d'une perturbation dans l'équilibre du magnétisme terrestre, mais simplement comme le résultat d'une activité terrestre, dont la puissance s'élève jusqu'à faire naître des phénomènes lumineux ; l'apparition de l'aurore boréale est l'acte qui met fin à un *orage magnétique*, de même que dans les orages électriques un autre phénomène de lumière, l'éclair, annonce que l'équilibre, momentanément troublé, vient de se rétablir enfin dans la distribution de l'électricité.

Pour réunir dans un seul tableau tous les traits qui caractérisent le phénomène, il faut décrire toutes les phases de développement qui signalent une aurore boréale complète. A l'horizon, vers le méridien magnétique du lieu, le ciel, d'abord pur, commence à se rembrunir ; il s'y forme une sorte de voile nébuleux qui monte lentement et finit par atteindre une hauteur de 8 ou 10 degrés. A travers ce segment obscur, dont la couleur passe du brun au violet, les étoiles se voient comme à travers un épais brouillard, puis un peu plus tard, sur les bords de ce segment apparaît un arc plus large, d'abord blanc, puis jaune, mais toujours d'une lumière éclatante. Quelquefois cet arc lumineux paraît agité, pendant des heures entières, par une sorte d'effervescence et par un continuel changement de forme,

Aurore boréale.

avant de lancer des rayons et des colonnes de lumière qui montent jusqu'au zénith. Plus l'émission de la lumière polaire est intense, et plus vives en sont les couleurs qui, du violet et du blanc bleuâtre, passent par toutes les nuances intermédiaires au vert et au rouge purpurin. Il en est de même des étincelles électriques : leur coloration est en raison directe de la force de la tension et de la violence de l'explosion. Tantôt les colonnes de lumière paraissent jaillir de l'arc brillant, mélangées de rayons noirâtres semblables à une fumée épaisse ; tantôt elles s'élèvent simultanément sur différents points de l'horizon, et se réunissent en une mer de flammes dont aucune peinture ne saurait rendre la magique splendeur, car à chaque instant de rapides ondulations en font varier la forme et l'éclat. A certains moments, l'intensité de cette lumière, accrue par la rapidité du tourbillon magnétique, va jusqu'à rendre parfaitement visibles en plein soleil les jeux et les ondulations de l'aurore boréale.

Autour du point qui répond, dans le ciel, à la direction de l'aiguille aimantée, librement suspendue par son centre de gravité, on voit, quand le phénomène acquiert son plus grand développement, les rayons se rassembler et former ce qu'on appelle la *couronne* de l'aurore boréale ; c'est une espèce de dais céleste brillant d'une lumière douce et paisible. Il est rare que l'apparition soit aussi complète et qu'elle se prolonge jusqu'à la formation de cette couronne ; mais quand celle-ci paraît, elle annonce toujours la fin du phénomène. Dès lors les rayons se raréfient, se raccourcissent et se décolorent. La couronne et les arcs lumineux se dissolvent, et bientôt on ne voit plus sur la voûte céleste que de larges taches nébuleuses immobiles, pâles ou d'une couleur cendrée: elles s'évanouissent à leur tour, ainsi que le segment obscur qui signala les débuts de l'apparition, et bientôt il ne reste plus à l'horizon qu'un faible nuage blanchâtre, à bords déchiquetés ou divisés en petits amas pommelés, dernières traces d'un des plus étonnants spectacles que les hautes régions de l'atmosphère puissent offrir aux regards de l'homme.

(Extrait de Humboldt, Cosmos.)

OURAGAN SOUS LES TROPIQUES.

Un de ces étés qui désolent de temps à autre les terres situées entre les tropiques vint étendre sur nous ses ravages. C'était vers la fin de décembre, lorsque le soleil au Capricorne échauffe pendant trois semaines l'île de France de ses feux verticaux. Le vent du sud-est, qui y règne presque toute l'année, n'y soufflait plus. De longs tourbillons de poussière s'élevaient sur les chemins et restaient suspendus en l'air. La terre se fendait de toutes parts; l'herbe était brûlée, des exhalaisons chaudes sortaient du flanc des montagnes, et la plupart de leurs ruisseaux étaient desséchés. Aucun nuage ne venait du côté de la mer. Seulement, pendant le jour, des vapeurs rousses s'élevaient de dessus ses plaines, et paraissaient, au coucher du soleil, comme les flammes d'un incendie. La nuit même n'apportait aucun rafraîchissement à l'atmosphère embrasée. L'orbe de la lune tout rouge se levait dans un horizon embrumé, d'une grandeur démesurée. Les troupeaux abattus sur les flancs des collines, le cou tendu vers le ciel, aspirant l'air, faisaient retentir les vallons de tristes mugissements : le Cafre même qui les conduisait se couchait sur

Ouragan.

la terre pour y trouver de la fraîcheur. Partout le sol était brûlant, et l'air étouffant retentissait du bourdonnement des insectes qui cherchaient à se désaltérer dans le sang des hommes et des animaux.

Cependant ces chaleurs excessives élevèrent de l'Océan des vapeurs qui couvrirent l'île comme un vaste parasol. Les sommets des montagnes les rassemblaient autour d'eux, et de longs sillons de feu sortaient de temps en temps de leurs pitons embrumés. Bientôt des tonnerres affreux firent retentir de leurs éclats les bois, les plaines et les vallons, des pluies épouvantables, semblables à à des cataractes, tombèrent du ciel. Des torrents écumeux se précipitaient le long des flancs de cette montagne ; le fond de ce bassin était devenu une mer ; le plateau où sont assises les cabanes, une petite île ; et l'entrée de ce vallon, une écluse par où sortaient pêle-mêle, avec les eaux mugissantes, les terres, les arbres et les rochers. Sur le soir la pluie cessa, le vent alizé du sud-est reprit son cours ordinaire ; les nuages orageux furent jetés vers le nord-ouest, et le soleil couchant parut à l'horizon.

(BERNARDIN DE SAINT-PIERRE, Paul et Virginie.)

LE VENT DANS LES BOIS.

Qui pourrait décrire les mouvements que l'air communique aux végétaux? Combien de fois, loin des villes, dans le fond d'un vallon solitaire couronné d'une forêt, assis sur le bord d'une prairie agitée des vents, je me suis plu à voir les mélilots dorés, les trèfles empourprés et les vertes graminées former des ondulations semblables à des flots, et présenter à mes yeux une mer agitée de fleurs et de verdure ! Cependant les vents balançaient sur ma tête les cimes majestueuses des arbres. Le retroussis de leur feuillage faisait paraître chaque espèce de deux verts différents. Chacun a son mouvement. Le chêne au tronc roide ne courbe que ses branches, l'élastique sapin balance sa haute pyramide, le peuplier robuste agite son feuillage mobile, et le bouleau laisse flotter le sien dans les airs comme une longue chevelure. Ils semblent animés de passions : l'un s'incline profondément auprès de son voisin comme devant un supérieur, l'autre semble vouloir l'embrasser comme un ami, un autre s'agite en tous sens comme auprès d'un ennemi. Le respect, l'amitié, la colère semblent passer tour à tour de l'un à l'autre comme dans le cœur des hommes, et ces passions versatiles ne sont au fond que les jeux des vents. Quelquefois un vieux chêne élève au milieu d'eux ses longs bras dépouillés de feuilles et immobiles. Comme un vieillard, il ne prend plus de part aux agitations qui l'environnent ; il a vécu dans un autre siècle. Cependant ces grands corps insensibles font entendre des bruits profonds et mélancoliques. Ce ne sont point des accents distincts ; ce sont des murmures confus comme ceux d'un peuple qui célèbre au loin une fête par des acclamations. Il n'y a point de voix dominantes ; ce sont des sons monotones, parmi lesquels se font entendre des bruits sourds et profonds, qui nous jettent dans une tristesse pleine de douceur. Ainsi les murmures d'une forêt accompagnent les accents du rossignol, qui de son nid adresse des vœux reconnaissants à la nature. C'est un fond de concert qui fait ressortir les chants éclatants des oiseaux, comme la douce verdure est un fond de couleurs sur lequel se détache l'éclat des fleurs et des fruits.

Ce bruissement des prairies, ces gazouillements des
bois ont des charmes que je préfère aux plus brillants
accords ; mon âme s'y abandonne, elle se berce avec les
feuillages ondoyants des arbres, elle s'élève avec leur
cime vers les cieux, elle se transporte dans les temps
qui les ont vus naître et dans ceux qui les verront mourir ; ils étendent dans l'infini mon existence circonscrite
et fugitive. Il me semble qu'ils me parlent, comme ceux
de Dodone, un langage mystérieux ; ils me plongent
dans d'ineffables rêveries qui souvent ont fait tomber de
mes mains les livres des philosophes. Majestueuses forêts, paisible solitude, qui plus d'une fois avez calmé
mes passions, puissent les cris de la guerre ne troubler
jamais vos résonnantes clairières ! N'accompagnez de vos
religieux murmures que les chants des oiseaux ou les
doux entretiens des amis de la nature qui veulent se reposer sous vos ombrages.

(BERNARDIN DE SAINT-PIERRE, Harmonies
de la Nature, tome I.)

CHUTES ET PLUIES D'ÉTOILES.

Les étoiles filantes, les bolides, les pierres météoriques
sont considérés aujourd'hui comme de petits corps pla-
nétaires qui se meuvent autour du soleil, en obéissant,
eux aussi, aux lois générales de la gravitation. Mais
comme ils s'enflamment et deviennent lumineux en pénétrant dans l'enveloppe gazeuse de notre globe, on peut
ranger leur apparition parmi les phénomènes atmosphériques.

Quand on a observé longtemps avec les mêmes instruments dans nos climats du nord et sous la zone torride, on est surpris de l'effet que produisent dans celle-

ci la transparence de l'air et la moindre extinction de la lumière, sur la netteté avec laquelle se présentent les étoiles doubles, les satellites des planètes et même certaines nébuleuses.

Par un ciel également serein en apparence, on croirait avoir employé des instruments plus parfaits, tant ces objets paraissent plus distincts, plus terminés dans leurs contours entre les tropiques. Mais cet effet n'est dû qu'à la pureté, à l'admirable transparence de l'atmosphère de ces contrées ; notre regard y pénètre plus facilement les couches de l'air qui nous environnent.

.... La nuit du 11 au 12 novembre 1799, fut à Cumana fraîche entre toutes et de la plus grande beauté. Vers le matin, depuis deux heures et demie, on vit, à l'est, les météores lumineux les plus extraordinaires. M. Bonpland, qui s'était levé pour jouir du frais sur sa galerie, les aperçut le premier. Des milliers de bolides et d'étoiles filantes se succédèrent pendant quatre heures. Leur direction était très-régulièrement du nord au sud. Ils remplissaient une partie du ciel qui s'étendait du nord au sud, par l'est. Sur une amplitude de plus de 60 degrés on voyait les météores s'élever au-dessus de l'horizon, quelquefois jusqu'à 40 degrés de hauteur, presque toujours jusqu'à 30 degrés, et retomber comme en cascade vers le sud. Le vent était très-faible ; on ne voyait aucune trace de nuages ; il n'y avait pas dans le ciel un espace égal en étendue à trois fois le diamètre de la lune qui ne fût à chaque instant rempli de bolides et d'étoiles filantes. Beaucoup de ces météores avaient un noyau très-distinct, grand comme le disque de Jupiter, et d'où partaient des étincelles d'une lueur extrêmement vive.

Les bolides se brisaient comme par explosion, et après

leur disparition laissaient derrière eux des bandes phosphorescentes dont la largeur excédait 15 à 20 minutes Vers quatre heures l'intensité du phénomène diminua; les bolides et les étoiles devinrent plus rares, mais cependant telle était la vivacité de leur lumière blanchâtre et la limpidité de l'atmosphère qu'on en distingua quelques-uns encore après le lever du soleil.

(HUMBOLDT, Voyages aux régions équinoxiales.)

LA MER

La première chose qui se présente, c'est l'immense
quantité d'eau qui couvre la plus grande partie du
globe; ces eaux occupent toujours les parties les plus
basses; elles sont aussi toujours de niveau, et elles tendent perpétuellement à l'équilibre et au repos; cependant nous les voyons agitées par une forte puissance,
qui, s'opposant à la tranquillité de cet élément, lui im-
prime un mouvement périodique et réglé, soulève et
abaisse alternativement les flots, et fait un balancement
de la masse totale des mers en les remuant jusqu'à la
plus grande profondeur. Nous savons que ce mouvement est de tous les temps, et qu'il durera autant que
la lune et le soleil qui en sont les causes.

Considérant ensuite le fond de la mer, nous y remarquons autant d'inégalités que sur la surface de la terre;
nous y trouvons des hauteurs, des vallées, des plaines,
des profondeurs, des rochers, des terrains de toute espèce; nous voyons que toutes les îles ne sont que les
sommets de vastes montagnes, dont le pied et les racines
sont couverts de l'élément liquide; nous y trouvons
d'autres sommets de montagnes qui sont presque à fleur
d'eau, nous y remarquons des courants rapides qui

semblent se soustraire au mouvement général; on les voit se porter quelquefois constamment dans la même direction, quelquefois rétrograder, et ne jamais excéder leurs limites, qui paraissent aussi invariables que celles qui bornent les efforts des fleuves de la terre. Là sont ces contrées orageuses où les vents en fureur précipitent la tempête, où la mer et le ciel également agités se choquent et se confondent; ici sont des mouvements intestins, des bouillonnements, des trombes et des agitations extraordinaires causés par des volcans dont la bouche submergée vomit le feu du sein des ondes, et pousse jusqu'aux nues une épaisse vapeur mêlée d'eau, de soufre et de bitume. Plus loin je vois ces gouffres dont on n'ose approcher, qui semblent attirer les vaisseaux pour les engloutir : au delà j'aperçois ces vastes plaines toujours calmes et tranquilles, mais tout aussi dangereuses, où les vents n'ont jamais exercé leur empire, où l'art du nautonier devient inutile, où il faut rester et périr; enfin, portant les yeux jusqu'aux extrémités du globle, je vois ces glaces énormes qui se détachent des continents des pôles et viennent comme des montagnes flottantes voyager et se fondre jusque dans les régions tempérées.

Voilà les principaux objets que nous offre le vaste empire de la mer. Des milliers d'habitants de différentes espèces en peuplent toute l'étendue : les uns couverts d'écailles légères en traversent avec rapidité les différents pays; d'autres chargés d'une épaisse coquille se traînent pesamment et marquent avec lenteur leur route sur le sable; d'autres à qui la nature a donné des nageoires en forme d'ailes, s'en servent pour s'élever et se soutenir dans les airs; d'autres enfin, à qui tout mouvement a été refusé, croissent et vivent attachés aux rochers :

tous trouvent dans cet élément leur pâture. Le fond de
la mer produit abondamment des plantes, des mousses
et des végétations encore plus singulières ; le terrain de
la mer est de sable, de gravier, souvent de vase, quelquefois de terre ferme, de coquillages, de rochers : et
partout il ressemble à la terre que nous habitons.

(BUFFON.)

UNE TEMPÊTE DANS LES MERS DE L'INDE.

Quand nous eûmes doublé le cap de Bonne-Espé-
rance, et que nous vîmes l'entrée du canal de Mozam-
bique, le 23 de juin, vers le solstice d'été, nous fûmes
assaillis par un vent épouvantable du sud. Le ciel était
serein, on n'y voyait que quelques petits nuages cuivrés
semblables à des vapeurs rousses, qui le traversaient
avec plus de vitesse que celle des oiseaux. Mais la mer
était sillonnée par cinq ou si vagues longues et élevées
semblables à des chaînes de collines, espacées entre
elles par de larges et profondes vallées. Chacune de ces
collines aquatiques était à deux ou trois étages. Le
vent détachait de leurs sommets anguleux une espèce
de crinière d'écume, où se peignaient çà et là les couleurs de l'arc-en-ciel. Il en emportait aussi des tourbillons d'une poussière blanche qui se répandait au
loin dans leurs vallons, comme celle qui s'élève sur les
grands chemins en été. Ce qu'il y avait de plus redoutable, c'est que quelques sommets de ces collines, poussés en avant de leurs bases par la violence du vent,
se déferlaient en énormes voûtes qui se roulaient sur
elles-mêmes en mugissant et en écumant, et eussent
englouti le plus grand vaisseau s'il se fût trouvé sous

leurs ruines. L'état de notre vaisseau concourait avec celui de la mer à rendre notre situation affreuse. Notre grand mât avait été brisé la nuit par la foudre, et le mât de misaine, notre unique voile, avait été emporté le matin par le vent. Le vaisseau, incapable de gouverner, voguait en travers, jouet du vent et des lames. J'étais sur le gaillard d'arrière, me tenant accroché aux haubans du mât d'artimon, tâchant de me familiariser avec ce terrible spectacle. Quand une de ces montagnes approchait de nous, j'en voyais le sommet à la hauteur de nos huniers, c'est-à-dire à plus de cinquante pieds au-dessus de ma tête. Mais la base de cette effroyable digue venant à passer sous notre vaisseau, elle le faisait tellement pencher que ses grandes vergues trempaient à moitié dans la mer qui mouillait le pied de ses mâts, de sorte qu'il était au moment de chavirer. Quand il se trouvait sur sa crête, il se redressait et se renversait tout à coup en sens contraire sur sa pente opposée avec non moins de danger, tandis qu'elle s'écoulait de dessous lui avec la rapidité d'une écluse, en large nappe d'écume.

Il était alors impossible de recevoir quelque consolation d'un ami, ou de lui en donner. Le vent était si violent qu'on ne pouvait entendre les paroles même qu'on se disait en criant à l'oreille à tue-tête. L'air emportait la voix, et ne permettait d'ouïr que le sifflement aigu des vergues et des cordages, et les bruits rauques des flots, semblables au hurlements des bêtes féroces. Nous restâmes ainsi entre la vie et la mort, depuis le lever du soleil jusqu'à son coucher.

(Bernardin de Saint-Pierre, Harmonies de la Nature.)

PHOSPHORESCENCE DE LA MER.

La phosphorescence des eaux de l'Océan, depuis Aristote et Pline, a été, pour les voyageurs et pour les physiciens, un égal objet d'intérêt et de méditation. Combien les phénomènes n'en sont-ils pas effectivement nombreux et variés ! Ici, la surface de l'Océan étincelle et brille dans toute son étendue, comme une étoffe d'argent électrisée dans l'ombre ; là, se déploient les vagues en nappes immenses de soufre et de bitume embrasés ; ailleurs, on dirait une mer de lait dont on n'aperçoit pas les bornes. Bernardin de Saint-Pierre a décrit avec enthousiasme ces étoiles brillantes qui semblent jaillir par milliers du fond des eaux, et dont, ajoute-t-il avec raison, celles de nos feux d'artifices ne sont qu'une bien faible imitation. D'autres ont parlé de ces masses embrasées qui roulent sous les vagues comme autant d'énormes boulets rouges, et nous en avons vu nous-mêmes qui ne paraissaient pas avoir moins de vingt pied de diamètre. Plusieurs marins ont observé des parallélogrammes incandescents, des cônes de lumière pirouettant sur eux-mêmes, des guirlandes éclatantes, des serpenteaux lumineux. Dans quelques lieux des mers, on voit souvent s'élancer au-dessus de leur surface des jets de feux étincelants ; ailleurs on a vu comme des nuages de lumière et de phosphore errer sur les flots au milieu des ténèbres. Quelquefois l'Océan semble comme décoré d'une immense écharpe de lumière mobile, onduleuse, dont les extrémités vont se rattacher aux bornes de l'horizon. Tous ces phénomènes, et beaucoup d'autres encore que je m'abstiens d'indiquer ici, quelque merveilleux qu'ils puissent paraître, n'en sont pas moins de la plus incontestable vérité. D'ailleurs, ils ont été plus d'une fois décrits par les voyageurs de la véracité la moins suspecte, et je les ai moi-même presque tous observés en différentes parties de l'Océan.

(PERRON, Voyages aux terres australes.)

Ce phénomène excite toujours l'étonnement, bien que pendant des mois entiers on puisse le voir se reproduire toutes les nuits. Sous toutes les zones, la mer jette une lumière phosphorescente, mais qui n'a pas observé cet admirable spectacle sous les régions tropicales, et surtout dans la mer du Sud, n'a qu'une idée imparfaite de sa magnificence. Lorsqu'un vaisseau de ligne, poussé par un vent frais, fend la vague écumante, le voyageur ne peut se rassasier de la vue des flots entre-choqués. Chaque fois que le flanc nu du navire s'élève hors de l'eau, des flammes rouges ou bleues jaillissent de la quille comme des éclairs. On ne saurait retracer non plus l'admirable aspect offert par les mers des tropiques alors que des troupes de dauphins s'y ébattent par une nuit obscure. Partout où, rangés en longues files, ces cétacés brisent dans leurs évolutions l'écume des flots, leur passage est marqué par des étincelles et par une lumière intense. Cette lumière est produite en partie par une foules d'espèce maritimes, sortes de flambeaux vivants, ou par les fibres et les membranes organiques que laisse subsister dans la masse liquide la décomposition de ces animaux. La première cause est incontestablement la plus ordinaire et la plus générale. Il n'est pas jusqu'aux infiniment petits perdus dans les couches immenses de l'Océan qui ne soient doués d'étincelles phosphorescentes. J'ai vu le Mammaria scintillans, mi nuscule ortie de mer dont le volume égale, à l'époque

de son entière croissante, celui d'une tête d'épingle,
offrir à mes regards le magnifique spectacle d'un ciel
étoilé qui se réfléchit dans la mer. J'ai vu, à l'aide du
microscope, étinceler dans un lieu sombre, au milieu
d'une goutte d'eau de mer, des infusoires de la Baltique
dont les plus gros avaient un huitième et les plus petits
un quatre-vingt-seizième de ligne.

Quand ces animalcules épuisés ne jetaient plus de
lumière, il suffisait pour leur rendre leur faculté phosphorescente de les exciter au moyen de quelque acide,
ou de mêler un peu d'alcool à la goutte d'eau salée qui
les enveloppait.

En filtrant à plusieurs reprises de l'eau de mer fraî-
chement puisée, un naturalisme éminent, Ehrenberg a
obtenu un liquide dans lequel se trouvaient concentrés
un grand nombre d'animalcules lumineux. C'étaient
des vibrions, des bactérions, des monades. Or, quatre
millions de monades tiendraient dans un centimètre
cube ! Les observations de la chimie, de la physique et
de l'histoire naturelle tendent à nous faire croire que
c'est partout le même principe qui agit : dans l'infusoire que l'œil nu ne peut apercevoir, dans le gymnote
dont le simple contact paralyse l'animal le plus vigoureux, comme dans le nuage d'où s'échappe la foudre et
dans les éclairs magnétiques qui sous le nom d'*aurores*
illuminent les espaces sombres et glacés des deux
pôles.

(Extrait de HUMBOLDT, Tableaux de la Nature.)

UNE SOIRÉE EN PLEINE MER.

Le vaisseau sur lequel nous passions en Amérique
s'étant élevé au-dessus du gisement des terres, bientôt

l'espace ne fut plus tendu que du double azur de la
mer et du ciel, comme une toile préparée pour recevoir
les futures créations de quelque grand peintre. La couleur des eaux devint semblable à celle du verre liquide.
Une grosse houle venait du couchant, bien que le vent
soufflât de l'est; d'énormes ondulations s'étendaient du
nord au midi, et ouvraient dans leurs vallées de longues
échappées de vue sur les déserts de l'Océan. Ces mobiles paysages changeaient d'aspect à toute minute :
tantôt une multitude de tertres verdoyants représentaient
des sillons de tombeaux dans un cimetière immense;
tantôt des lames, en faisant montonner leurs cimes, imi-
taient des troupeaux blancs répandus sur des bruyères;
souvent l'espace semblait borné, faute de point de comparaison; mais si une vague venait à se lever, un flot à
se courber comme une côte lointaine, un escadron de
chiens de mer à passer à l'horizon, l'espace s'ouvrait
subitement devant nous. On avait surtout l'idée de l'étendue lorsqu'une brume légère rampait à la surface de
la mer, et semblait accroître l'immensité même. Oh!
qu'alors les aspects de l'Océan sont grands et tristes!
Dans quelles rêveries ils vous plongent, soit que l'imagination s'enfonce sur les mers du Nord au milieu des
frimas et des tempêtes, soit qu'elle aborde sur les mers
du Midi à des îles de repos et de bonheur!

Il nous arrivait souvent de nous lever au milieu de la
nuit et d'aller nous asseoir sur le pont, où nous ne
trouvions que l'officier de quart et quelques matelots
qui fumaient leur pipe en silence. Pour tout bruit on
entendait le froissement de la proue sur les flots, tandis
que les étincelles de feu couraient avec une blanche
écume le long des flancs du navire. Dieu des chrétiens!
c'est surtout dans les eaux de l'abîme et dans les pro

fondeurs des cieux que tu as gravé bien fortement les traits de ta toute-puissance ! Des millions d'étoiles rayonnant dans le sombre azur du dôme céleste, la lune au milieu du firmament, une mer sans rivage, l'infini dans le ciel et sur les flots ! Jamais tu ne m'as plus troublé de ta grandeur que dans ces nuits où, suspendu entre les astres et l'Océan, j'avais l'immensité sur ma tête et l'immensité sous mes pieds !

Je ne suis rien ; je ne suis qu'un simple solitaire ; j'ai souvent entendu les savants disputer sur le premier Être, et je ne les ai point compris : mais j'ai toujours remarqué que c'est à la vue des grandes scènes de la nature que cet Être inconnu se manifeste au cœur de l'homme. Un soir (il faisait un profond calme) nous nous trouvions dans ces belles mers qui baignent les rivages de la Virginie, toutes les voiles étaient pliées ; j'étais occupé sous le pont, lorsque j'entendis la cloche qui appelait l'équipage à la prière : je me hâtai d'aller mêler mes vœux à ceux de mes compagnons de voyage. Les officiers étaient sur le château de poupe avec les passagers ; l'aumônier, un livre à la main, se tenait un peu en avant d'eux ; les matelots étaient répandus pêle-mêle sur le tillac : nous étions tous debout, le visage tourné vers la proue du vaisseau, qui regardait l'occident.

Le globe du soleil, prêt à se plonger dans les flots, apparaissait entre les cordages du navire au milieu des espaces sans borne. On eût dit, par les balancements de la poupe, que l'astre radieux changeait à chaque instant d'horizon. Quelques nuages étaient jetés sans ordre dans l'orient, où la lune montait avec lenteur ; le reste du ciel était pur : vers le nord, formant un glorieux triangle avec l'astre du jour et celui de la nuit,

Une soirée en pleine mer.

une trombe brillante des couleurs du prisme, s'élevait de la mer comme un pilier de cristal supportant la voûte du ciel.

Il eût été bien à plaindre, celui qui dans ce spectacle n'eût point reconnu la beauté de Dieu. Des larmes coulèrent malgré moi de mes paupières, lorsque mes compagnons, ôtant leurs chapeaux goudronnés, vinrent entonner d'une voix rauque leur simple cantique à Notre-Dame de Bon-Secours, patronne des mariniers. Qu'elle était touchante, la prière de ces hommes qui, sur une planche fragile, au milieu de l'Océan, contemplaient le soleil couchant sur les flots ! Comme elle allait à l'âme, cette invocation du pauvre matelot à la mère de douleur ! La conscience de notre petitesse à la vue de l'infini, nos chants s'étendant au loin sur les vagues, la nuit s'approchant avec ses embûches, la merveille de notre vaisseau au milieu de tant de merveilles, un équipage religieux saisi d'admiration et de crainte, un prêtre auguste en prières, Dieu penché sur l'abîme, d'une main retenant le soleil aux portes de l'occident, de l'autre élevant la lune dans l'orient et prêtant à travers l'immensité, une oreille attentive à la voix de sa créature ; voilà ce qu'on ne saurait peindre, et ce que tout le cœur de l'homme suffit à peine pour sentir.

(CHATEAUBRIAND, Génie du christianisme.)

UTILITÉ DE LA MER.

Je ne puis croire que cette immense partie du domaine de l'homme soit destinée à une stérilité perpétuelle et à ne verser jamais d'autre richesse dans nos sociétés qu'un peu de sel et de poisson. Je me persuade

que c'est la faiblesse de notre esprit, et non la parci-
monie de la nature, qui fait la pauvreté de ce vaste
territoire; et quand je considère le parti que le Créateur en a tiré pour l'économie de notre planète, je ne
puis m'empêcher de penser que le genre humain, devenu plus puissant, en tirera également parti, à l'exemple de Dieu, pour sa propre économie, indépendamment de la force, aujourd'hui en pure perte, des vagues
et des marées. De quels inappréciables trésors l'Océan,
décomposé en ses éléments primitifs, ne pourrait-il pas
nous combler? Quels secrets n'est-il pas susceptible de
nous cacher encore? Je ne me suis jamais vu dans ces
étranges déserts, lorsque, la terre s'étant éclipsée, on
n'aperçoit plus autour de soi que la multitude des flots,
sans me sentir profondément convaincu que je me trouvais là en présence de quelque grand inconnu. En dé-
terminant la ligne des rivages de l'Océan, l'hydrographie
n'a pas soulevé tous les voiles qui l'enveloppent, et
après avoir découvert comment nous pouvons visiter,
malgré lui, tous les cantons de la terre, il nous reste à
découvrir par quel art nous pourrons nous servir de
lui. Il y a bien d'autres mines que les hommes, dans
leur ignorance, ont longtemps frappées du pied, sans se
douter que ces substances dédaignées seraient pour
leurs descendants mieux instruits, les sources fonda-
mentales de l'opulence! Plus notre clairvoyance se développe, plus il nous est manifeste qu'il n'y a rien autour
de nous qui ne soit à nous, et dont notre industrie ne
doive saisir enfin l'utilité. Outre les biens que nous re-
cevons naturellement de la mer, les nuages, la pluie,
l'humidité de l'air, les rivières, outre ceux que nous
réussissons déjà à nous y procurer, ne craignons donc
pas de faire avec confiance, dans cette mystérieuse ré-

serve, une part pour les inventions qu'il faut laisser à l'avenir, et n'ayons pas la témérité de condamner comme incommode et inutile, un établissement dont nous ne sommes pas sûrs de savoir le fond.

(J. REYNAUD, *Ciel et Terre.*)

LES MONTAGNES

C'est une impression générale qu'éprouvent tous les hommes, quoiqu'ils ne l'observent pas tous, que sur les hautes montagnes, où l'air est pur et subtil, on sent plus de facilité dans la respiration, plus de légèreté dans le corps, plus de sérénité dans l'esprit. Les plaisirs y sont moins ardents, les passions plus modérées. Les méditations y prennent je ne sais quel caractère grand et sublime proportionné aux objets qui nous frappent, je ne sais quelle volupté tranquille qui n'a rien d'âcre et de sensuel. Il semble qu'en s'élevant au-dessus du séjour des hommes, on y laisse tous les sentiments bas et terrestres, et que, à mesure qu'on approche des régions éthérées, l'âme contracte quelque chose de leur inaltérable pureté. On y est grave sans mélancolie, paisible sans indolence, content d'être et de penser; tous les désirs trop vifs s'émoussent, ils perdent cette pointe aiguë qui les rend douloureux; ils ne laissent au fond du cœur qu'une émotion légère et douce, et c'est ainsi qu'un heureux climat fait servir à la félicité de l'homme les passions qui font ailleurs son tourment. Je doute qu'aucune agitation violente, aucune maladie de vapeurs pût tenir contre un pareil séjour prolongé, et je suis surpris que des bains de l'air salutaire et bienfaisant des montagnes ne soient pas un des grands remèdes de la médecine et de la morale.

(J. J. Rousseau.)

— Ces grandes chaînes, dit un autre écrivain, auquel nous avons emprunté presque tout ce qui est relatif aux Alpes dans ce volume, — ces grandes chaînes, dont les sommets percent dans les régions élevées de l'atmosphère, semblent être le laboratoire de la nature et le réservoir d'où elle tire les biens et les maux qu'elle répand sur notre terre, les fleuves qui l'arrosent et les torrents qui la ravagent, les pluies qui la fertilisent et les orages qui la désolent. Tous les phénomènes de la physique générale s'y présentent avec une grandeur et une majesté dont les habitants des plaines n'ont aucune idée ; l'action des vents et celle de l'électricité aérienne s'y exercent avec une force étonnante ; les nuages se forment sous les yeux de l'observateur, et souvent il voit naître sous ses pieds les tempêtes qui dévastent les plaines, tandis que les rayons du soleil brillent autour de lui, et qu'au-dessus de sa tête le ciel est pur et serein.

(De Saussure.)

I

LES ALPES

Les Alpes sont le massif central de l'Europe, le relief autour duquel se sont groupés tous les plateaux et toutes les plaines de l'Europe : au nord, les régions montagneuses de la Bavière, les vastes étendues basses de l'Allemagne jusqu'à la dépression de la Baltique ; à l'est, la grande enceinte circulaire de la Hongrie et la chaîne du Balkan ; au sud, le magnifique bassin de la Lombardie et la longue péninsule des Apennins. Comme des rayons partant d'un centre vers tous les points de la circonférence, de grands fleuves en découlent vers les quatre points cardinaux : au nord, le Rhin, que Ritter appelle le fleuve *héroïque* par excellence ; à l'est, l'Inn, le bras le plus important du Danube, puis la Save et la Drave ; au sud, l'Adige et le Pô ; à l'ouest le Rhône. Trois mers situées aux trois extrémités de l'Europe, l'Atlantique, la mer Noire, la Méditerranée, reçoivent l'eau de ses glaciers. Environ un quart de l'eau qui tombe en Europe s'accumule dans les réservoirs des Alpes.

Les plus puissantes races du continent européen sont appuyées sur les pentes de ces montagnes ; c'est en vue de leurs neiges éternelles qu'ont défilé toutes les grandes migrations de peuples, qui, dans la suite des siècles, ont changé la face du monde politique et influé le plus sur les destinées de l'humanité ; et, enfin, ne l'oublions jamais, c'est du fond de leurs vallées que se sont élancés vers le ciel, au milieu de la froide et sombre nuit du moyen âge, le premier cri de réveil et le premier appel de la liberté triomphante.

LA DÔLE.

« Il y a, dans les environs de Genève, une haute sommité du Jura, la Dôle, qui, vue de loin, paraît comme une excroissance de la première ligne de la chaîne ; vue de près, elle semble une vraie montagne élevée de sept

Les Alpes et le môle. Vue prise du lac de Genève.

à huit cents mètres au-dessus de la plus haute ligne. Le sommet domine non-seulement le lac de Genève et ses alentours, mais encore tout le Jura, dont il présenterait l'ensemble, si l'œil pouvait embrasser d'aussi grandes distances. On prétend de plus, qu'au lever du soleil, par un temps parfaitement clair, on peut, du sommet de la Dôle, reconnaître sept différents lacs : le lac de Genève, celui d'Annecy, celui des Rousses, et ceux du Bourget, de Joux, de Morat et de Neufchâtel. Je crois bien effectivement que ces sept lacs sont tous, ou en tout ou en partie, à découvert pour le sommet de la Dôle ; mais je n'ai pourtant pu distinguer que les trois premiers, quoique pour les voir j'aie à diverses reprises affronté le froid qui, même au gros de l'été, règne sur cette sommité ; dans le moment où le soleil se lève, j'apercevais bien quelques vapeurs un peu accumulées dans les places où je savais que ces lacs doivent être ; mais je ne voyais pas distinctement leurs eaux. Ce que l'on voit bien clairement, ce qui forme un magnifique spectacle du haut de la Dôle, c'est la chaîne des Alpes. On en découvre une étendue de près de cent lieues, car on les voit depuis le Dauphiné jusqu'au Saint-Gothard. Au centre de cette chaîne s'élève le Mont-Blanc, dont les cimes neigées surpassent toutes les autres cimes, et qui, même à cette distance d'environ vingt-trois lieues, paraissent d'une hauteur étonnante. La courbure de la terre et la perspective concourent à déprimer les montagnes éloignées, et comme elles diminuent réellement de hauteur aux deux extrémités de la chaîne, on voit les hautes sommités des Alpes s'abaisser sensiblement à droite et à gauche du Mont-Blanc, à mesure qu'elles s'éloignent de leur majestueux souverain. Pour jouir de ce spectacle dans tout son éclat, il faudrait le voir comme le hasard me l'offrit un jour. Un nuage épais couvrait le lac, les collines qui le bordent, et même toutes les basses montagnes. Le sommet de la Dôle et les hautes Alpes étaient les seules cimes qui élevassent leurs têtes au-dessus de cet immense voile : un soleil brillant illuminait toute la surface de ce nuage; et les Alpes, éclairées par les rayons directs du soleil et par la lumière que ce nuage réverbérait sur elles, paraissaient avec le plus grand éclat, et se voyaient à des distances prodigieuses. Mais cette situation avait quelque chose d'étrange et de terrible : il me semblait que j'étais seul sur un rocher, au milieu d'une mer agitée, à une grande distance d'un continent bordé par un long récif de rochers inaccessibles. Peu à peu le nuage s'éleva, m'enveloppa d'abord dans son obscurité; puis, montant au-dessus de ma tête, il me découvrit tout à coup la superbe vue du lac et de ses bords riants, cultivés, couverts de petites villes et de beaux villages.

« On trouve, au sommet de la Dôle, un terre-plein assez étendu, qui forme une belle terrasse couverte d'un tapis de gazon. Cette terrasse est depuis un temps immémorial, aux deux premiers dimanches d'août, le rendez-vous de toute la jeunesse de l'un et de l'autre sexe des villages du pays de Vaud, qui sont situés au pied de la Dôle. Les bergers des chalets voisins réservent pour ces deux jours du lait, de la crême, et préparent toutes sortes de mets délicats, qu'ils savent composer avec le simple laitage. On goûte là mille plaisirs variés : les uns jouent à des jeux d'exercice; d'autres dansent sur le gazon serré et élastique, qui repousse avec force les pieds robustes et pesants de ces bons Helvétiens. D'autres vont se reposer et se rafraîchir sur le bord du rocher, jouir du beau spectacle qu'il présente. L'un montre du doigt le clocher de son village ; il reconnaît les vergers et les prairies qui l'entourent ; et ces objets lui retracent les événements les plus intéressants de sa vie. Un autre, qui a voyagé, nomme toutes les villes du pays ; il indique le passage du Mont-Cenis, le chemin qui conduit à Rome, cette ville célèbre, foyer éternel d'aspirations et de souvenirs. Les plus hardis font preuve de courage en marchant sur le bord du précipice situé de ce côté de la montagne. D'autres, moins vains et plus galants, n'emploient leur adresse qu'à ramasser les fleurs qui croissent sur ces rochers escarpés ; ils cueillent le *leontopodium*, remarquable par le duvet cotonneux qui le recouvre ; le *senecio alpinus*, bordé de grands rayons dorés ; l'œillet des Alpes, qui a l'odeur du lis ; le *satirium nigrum*, qui exhale le parfum de la vanille ; et les échos des montagnes voisines retentissent des éclats de cette joie vive et sans contrainte, compagne fidèle des plaisirs simples et innocents. Mais un jour cette joie fut troublée par un événement funeste : deux jeunes époux, mariés du jour même, étaient venus à cette fête avec toute leur noce ; ils voulurent, pour s'entretenir un moment avec plus de liberté, s'approcher du bord de la montagne ; le pied glissa à la jeune mariée, son époux voulut la retenir ; mais elle l'entraîna dans le précipice, et ils terminèrent ensemble leur vie dans son plus beau jour. On montre un rocher rougeâtre, qu'on dit avoir été teint de leur sang. »

VALLÉE DE CHAMOUNI.

Sallanche, Chamouni, le Montanvers sont des noms classiques, inscrits en première ligne sur tous les itinéraires du Mont-Blanc. Le premier est celui d'une petite ville des bords de l'Arve, où le roi des Alpes, caché longtemps par les hauteurs qui encadrent et resserrent la route, commence à déployer aux yeux du voyageur sa stature colossale.... « Mais il n'étonne jamais plus que lorsque des nuages cachent la plus grande partie de son corps, et qu'il se forme dans ces nuages un vide qui ne laisse voir que sa cime. Alors il est impossible de comprendre que ce qu'on voit puisse être un objet terrestre ; ceux qui le voient de là pour la première fois s'obstinent à croire que c'est un de ces nuages blancs qui s'amoncellent quelquefois à une grande hauteur par-dessus les cimes des montagnes. Il faut pour les désabuser que les nuages se dissipent, et laissent à découvert la grande et solide base qui unit à la terre cette cime qui se perd dans les cieux.

« De Sallanche à Chamouni on remonte le cours torrentueux de l'Arve dont les inondations ont plus d'une fois ravagé les rives, et emporté la chaussée que suit le voyageur.

« Les montagnes, presque toutes d'ardoise, et en plusieurs endroits d'ardoise décomposée, renferment des espèces de bassins fort étendus, dans lesquels les orages accumulent quelquefois une quantité immense d'eau. Ces eaux, lorsqu'elles parviennent à une certaine hauteur, rompent tout à coup quelqu'une des parois peu solides de leurs réservoirs, et descendent alors avec une impétuosité terrible. Ce n'est pas de l'eau pure, mais une espèce de boue liquide, mêlée d'ardoise décomposée et de fragments de rocher ; la force impulsive de cette bouillie dense et visqueuse est incompréhensible ; elle entraîne des rochers, renverse les édifices qui se trouvent sur son passage, déracine les plus grands arbres,

et désole les campagnes, en creusant de profondes ravines, et en couvrant les terres d'une épaisseur considérable de limon, de gravier et de fragments de rocher.

« Cet accident est très-rare ; je ne l'ai vu qu'une seul
fois, le 7 août 1767, et quoique au moment où je le ren
contrai il fût déjà sur son déclin, j'en vis assez pour
m'en former une idée. On ne peut pas imaginer un spectacle plus hideux : ces ardoises décomposées formaient
une boue épaisse, dont les vagues noires rendaient un
son sourd et lugubre ; malgré la lenteur avec laquelle
elles semblaient se mouvoir, on les voyait rouler des
troncs d'arbres et des blocs de rochers, d'un volume ou
d'un poids considérables. Je fus cependant très-satisfait
d'avoir été témoin de cette espèce de débâcle ; elle m'a
aidé à comprendre comment la grande débâcle des eaux
de la mer a pu entraîner des rochers des Alpes à de
très-grandes distances.

« Les éboulis, les épaves laissées par les débâcles, les
rochers primitifs qui supportent la route, l'Arve resserrée dans un passage étroit et profond, son écume que
l'on voit blanchir au travers des cimes des sapins croissant dans la ravine, de l'autre côté, un rocher noir,
taillé presque à pic, teint çà et là de couleurs métalli-
ques, et portant de place en place, comme rangés en
étages, de grands sapins, dont le vert obscur contraste
avec la blancheur des bouleaux ; tels sont les objets qui
caractérisent l'avenue vraiment alpine de la vallée de
Chamouni.

« En sortant de ce défilé étroit et sauvage, on tourne
à gauche et l'on entre dans la vallée de Chamouni, dont
l'aspect est infiniment doux et riant. Le fond de la vallée, en forme de berceau, est couvert de prairies, au
milieu desquelles passe le chemin bordé de petites pa-

lissades. On découvre successivement les différents glaciers qui descendent dans cette vallée. On ne voit d'a-
bord que celui de Taconay, qui est presque suspendu
sur la pente rapide d'une petite ravine dont il occupe le
fond. Mais bientôt les yeux se fixent sur celui des Bos-
sons, qu'on voit descendre du haut des sommités voisines
du Mont-Blanc : ses glaces, d'une blancheur éblouissante, dressées en forme de hautes pyramides, font un
effet étonnant au milieu des forêts de sapins qu'elles
traversent et qu'elles surpassent. On voit enfin de loin
le grand glacier des Bois, qui en descendant se recourbe
contre la vallée de Chamouni ; on distingue ses murs
de glace qui dominent des rocs jaunes, taillés à pic. Ces
glaciers majestueux, séparés par de grandes forêts, couronnés par des rocs de granit d'une hauteur étonnante,
qui sont taillés en forme d'obélisques géants, et entremêlés de neiges et de glaces, présentent un des plus
singuliers spectacles qu'il soit possible d'imaginer.

« L'air pur et frais qu'on respire, si différent de l'air
étouffé des vallées de Sallanche et de Servoz, la belle
culture de la vallée, les jolis hameaux que l'on rencontre à chaque pas, donnent, par un beau jour, l'idée d'un
monde nouveau, d'une espèce de paradis terrestre, ren-
fermé par une divinité bienfaisante dans l'enceinte de
ces montagnes. La route, partout belle et facile, permet
de se livrer à la délicieuse rêverie et aux idées douces,
variées et nouvelles qui se présentent en foule à l'esprit.
Quelquefois de grands éclats, semblables à des coups de
tonnerre, et suivis comme eux de longs roulements,
interrompent cette rêverie, causent une espèce d'effroi
quand on en ignore la cause, et montrent quand on la connaît, combien est grande la masse des glaçons dont la
chute produit un si terrible fracas. »

LE MONTANVERS.

On désigne sous ce nom un pâturage situé sur un plateau élevé de 1900 mètres, entre le prieuré de Chamouni et les aiguilles de Charmoz. Pour s'y rendre on traverse obliquement le fond de la vallée de Chamouni au milieu de prairies et de champs bien cultivés. On entre ensuite dans une forêt mélangée de bouleaux, de sapins et de mélèzes, et on la traverse par une pente, tantôt oblique et douce, tantôt directe et rapide, parsemée des débris de la même montagne. A quelques pas au delà, on passe auprès d'une fontaine, nommée *Caillet*, qui est à moitié chemin du Montanvers : elle ne donne qu'un filet d'eau, mais pure, fraîche, sous des arbres touffus, à l'ombre desquels on prend volontiers quelques moments de repos.

« En montant au Montanvers, on a toujours sous ses pieds la vue de la vallée de Chamouni, de l'Arve qui l'arrose dans toute sa longueur, d'une foule de villages et de hameaux entourés d'arbres et de champs bien cultivés. Au moment où l'on arrive au Montanvers, la scène change ; et au lieu de cette riante et fertile vallée, on se trouve presque au bord d'un précipice, dont le fond est une vallée beaucoup plus large et plus étendue, remplie de neige et de glace, et bordée de montagnes colossales, qui étonnent par leur hauteur et par leurs formes, et qui effrayent par leur stérilité et leurs escarpements. Ce glacier descend dans la vallée de Chamouni, où on le nomme le *glacier des Bois*, du nom d'un hameau près duquel il se termine : c'est de son extrémité inférieure et du fond d'une profonde et haute caverne de glace, où l'on peut pénétrer jusqu'à une certaine distance, que s'élance le torrent de l'Arveiron.

« La surface du glacier, vue du Montanvers, ressemble à celle d'une mer qui aurait été subitement gelée, non pas dans le moment de la tempête, mais à l'instant où le vent s'est calmé, et où les vagues, quoique très-hautes, sont émoussées et arrondies. Ces grandes ondes sont à peu près parallèles à la longueur du glacier, et elles sont coupées par des crevasses transversales qui paraissent bleues dans l'intérieur, tandis que la glace paraît blanche à sa surface extérieure.

« Lorsqu'on s'est bien reposé sur la jolie pelouse du Montanvers, et qu'on s'est rassasié, si l'on peut jamais l'être, du grand spectacle que présentent ce glacier et les montagnes qui le bordent, on descend par un sentier rapide entre des rhododendrons, des mélèzes et des aroles, jusqu'au bord du glacier. Si l'on veut se faire une idée de cette mer de glace (c'est la dénomination que lui ont donnée les touristes), il faut en parcourir la surface et s'y avancer au moins de quatre à cinq cents mètres. Car si l'on se contente de la contempler de loin, du Montanvers, par exemple, on n'en distingue point les détails ; ces inégalités ne semblent être que les ondulations arrondies de la mer après l'orage ; mais quand on est au milieu du glacier, ces ondes paraissent des montagnes, et leurs intervalles semblent être des vallées entre ces montagnes. Il faut d'ailleurs parcourir un peu le glacier pour voir ses beaux accidents, ses larges et profondes crevasses, ses grandes cavernes, ses lacs remplis de la plus belle eau renfermée dans des murs transparents de couleur d'algue marine ; ses ruisseaux d'une eau vive et claire, qui coulent dans des canaux de

glace, et qui viennent se précipiter et former des cascades dans des abîmes de glace.

« A gauche de l'extrémité méridionale du glacier des
Bois, une sorte de cirque arrondi renferme le glacier du
Talèfre. Cette enceinte est formée par des pics de granit
extrêmement élevés, qui se terminent par des sommités
aiguës de formes infiniment variées. Les intervalles de
ces pics sont remplis par des glaciers qui viennent se
verser dans celui du Talèfre et dont les pentes de neige
montent en festons découpés comme des feuilles d'acanthe entre les tables noires et verticales des granits, où
elles n'ont pas pu se fixer ; et le haut de ce magnifique
amphithéâtre va se joindre à la voûte du ciel qui est ici
coloré d'un bleu d'azur foncé, tel qu'on ne le voit jamais
dans la plaine, et qui fait singulièrement ressortir l'éclat
et le contraste des neiges et des rochers.

« Le trait le plus singulier de ce tableau est peut-être
un rocher aplati, situé comme une île au milieu des glaces et des neiges du Talèfre. Il est de forme à peu
près circulaire, un peu élevé au-dessus du niveau du
glacier et porte à son sommet un tapis de verdure ; les
frimas éternels qui couvrent toute cette région semblent
le respecter ; ils ne s'y arrêtent point, ou le quittent du
moins beaucoup plus tôt que le reste de la montagne.
A la fin d'août il est couvert d'un beau gazon, relevé
par une grande variété de jolies fleurs des Alpes. Aussi
le nomme-t-on le *Courtil*, mot qui, en patois, de même
qu'en vieux français, signifie jardin. Il est même fermé
comme un jardin, car le glacier a déposé autour de lui
une arête de pierres et de gravier qui forme exactement
sa clôture [1]. »

1. C'est de ce point qu'a été prise la vue du Mont-Blanc insérée
dans ce volume.

LES GLACIERS EN GÉNÉRAL.

Si un observateur pouvait être transporté à une assez grande hauteur au-dessus des Alpes, pour embrasser d'un coup d'œil celles de la Suisse, de la Savoie et du Dauphiné, il verrait cette chaîne de montagnes, sillonnée par de nombreuses vallées, et composée de plusieurs chaînes parallèles, la plus haute au milieu, et les autres décroissant graduellement, à mesure qu'elles s'en éloignent. La chaîne la plus élevée, que je nomme la *chaîne centrale*, lui paraîtrait hérissée de rochers escarpés, couverts, même en été, de neiges et de glaces, partout où leurs flancs ne sont pas taillés absolument à pic. Mais des deux côtés de cette chaîne il verrait de profondes vallées, tapissées d'une belle verdure, peuplées de nombreux villages, et arrosées par des rivières. En détaillant un peu ces objets, il remarquerait que la chaîne centrale est composée de pics élevés et de chaînes partielles, couvertes de neiges sur leurs sommités, mais que toutes les pentes de ces pics et de ces chaînes, celles du moins qui ne sont pas excessivement rapides, sont chargées de glaces, et que leurs intervalles forment de hautes vallées remplies d'amas immenses de glaces, qui vont se verser dans les vallées profondes et habitées qui bordent la grande chaîne. Les chaînes les plus voisines de celle du centre présenteraient à l'observateur, mais plus en petit, les mêmes phénomènes. Plus loin il n'apercevrait plus de glaces, il ne découvrirait même des neiges que çà et là, sur quelques sommités élevées; et enfin il verrait les montagnes, en s'abaissant toujours.

perdre leur aspect sauvage, revêtir des formes plus arrondies, se couvrir de verdure, venir mourir au bord des plaines et se confondre avec elles.

« Les glaciers qui sont renfermés dans le fond des hautes vallées sont les plus considérables tant pour l'étendue que pour la profondeur. On en voit dans les Alpes dont la longueur est de plusieurs lieues; tel est celui des Bois, dans la vallée de Chamouni. Son étendue est de près de cinq lieues sans aucune interruption sur une largeur variable, mais qui vers le haut est de plus d'une lieue.

« L'épaisseur ou la profondeur de ces amas de glaces varie en différents lieux. Dans le glacier des Bois, à Chamouni, je l'ai trouvée communément de quatre-vingts à cent pieds; mais on comprend que partout où il se rencontre des creux ou des enfoncements, cette profondeur doit être beaucoup plus grande : on dit avoir trouvé des épaisseurs de glace de plus de cent toises, et quoique je ne l'aie pas vu, je n'ai cependant point de peine à le croire.

« La chute des neiges, sous la forme d'avalanches, est un phénomène connu. Celle des glaces qui se fait avec plus de lenteur, et pour l'ordinaire avec moins de fracas, a été moins bien observée. On comprend que ces masses glacées, entraînées par la pente du fond sur lequel elles reposent, dégagées par les eaux de la liaison qu'elles pourraient contracter avec ce même fond, soulevées même quelquefois par ces eaux, doivent peu à peu glisser et descendre en suivant la pente des vallées ou des croupes qu'elles couvrent. C'est ce glissement lent, mais continu, des glaces sur leurs bases inclinées, qui les entraîne jusque dans les basses vallées, et qui entretient continuellement des amas de glaces dans des vallons assez chauds pour produire de grands arbres, et même de riches moissons.

« Tous les grands glaciers ont à leur extrémité inférieure, et le long de leurs bords, de grands amas de sable et de débris, produits des éboulements des montagnes qui les dominent. Souvent même les glaciers sont encaissés dans toute leur longueur par des espèces de parapets ou de retranchements composés de ces mêmes débris que les glaces latérales de ces glaciers ont déposés sur leurs bords. Dans les glaciers qui ont été anciennement plus grands qu'ils ne sont aujourd'hui, ces parapets dominent les glaces actuelles ; dans ceux qui sont au contraire plus grands que par le passé, ces parapets sont plus bas que la glace ; et on en voit enfin où ils sont de niveau avec elle. Les paysans de Chamouni nomment ces monceaux de débris la *moraine du glacier*, et ce nom a été adopté par la science.

« Les glaciers mettent en mouvement et chassent devant eux les terres et les pierres accumulées devant leurs glaces, à leur extrémité inférieure. Je vis ce phénomène en 1764, de la manière la plus évidente, et j'eus en même temps la preuve que ce mouvement avait lieu, même dans une saison qui est encore l'hiver pour ces montagnes. Comme le glacier et tous ses alentours étaient en entier couverts de neiges, lorsqu'il poussait en avant les terres accumulées devant ses glaçons, ces terres en s'éboulant se renversaient par-dessus la neige et mettaient en évidence les plus petits mouvements du glacier, qui se continuèrent sous mes yeux pendant tout le temps que je passai à l'observer. Mais c'est en été qu'on voit les plus grands effets de cette pression des glaces contre les corps qui s'opposent à leur descente. En voici un exemple. Au mois de juillet 1761, je passais avec

mon guide sous un glacier très-élevé qui est au couchant
de celui des Pèlerins ; j'observais un bloc de granit, de
forme à peu près cubique, et de plus de quarante pieds
en tous sens, assis sur des débris au pied du glacier,
et déposé dans cet endroit par ce même glacier : « Hâ-
tons-nous, me dit le guide, parce que les glaces qui
s'appuient contre ce rocher pourraient bien le pousser et
le faire rouler sur nous. » A peine l'avions-nous dépassé, qu'il commença à s'ébranler ; il glissa d'abord
assez lentement sur les débris qui lui servaient de base ;
puis il s'abattit sur sa face antérieure, puis sur une autre ; peu à peu il se mit à rouler, et la pente devenant
plus rapide, il commença à faire des bonds, d'abord petits et bientôt immenses : on voyait à chaque bond jaillir des éclairs et du bloc même et des rochers sur lesquels il tombait ; ces éclats roulaient après lui sur la
pente de la montagne, et il se forma ainsi un torrent de
rochers grands et petits, qui allèrent fracasser la tête
d'une forêt dans laquelle ils s'arrêtèrent, après avoir fait
en peu de moments un chemin d'une demi-lieue, avec
un bruit et un ravage étonnants. »

Nous devons compléter les observations de de Saussure
sur les glaciers par le résumé de celles que les frères
Schlagintweit, si célèbres par leur exploration de la
Haute-Asie, on faites dans les Alpes avant leur voyage
en Orient. Ils y ont compté de 1000 à 1100 glaciers couvrant une superficie de terrain égale aux $\frac{7}{100}$ de toute la
surface montagneuse ; 35 de ces glaciers descendent
dans les vallées des montagnes jusqu'au-dessous de 2000
mètres d'altitude ; l'extrémité inférieure de la mer de
glace n'est qu'à 1100 mètres au-dessus du niveau de la
mer, et l'un des glaciers de Grindelwald à peine à 1000
mètres. Rien dans les autres chaînes de l'Europe ne

peut se comparer à ces énormes fleuves de glaces dont la marche est séculaire, dont la muraille bleue, haute de cent mètres, descend tout d'un bloc de quelques lignes par jour, entraîne avec elle des débris de montagnes, et laboure en passant par de profonds sillons le lit de rochers dans lequel la masse congelée s'écoule. Ils semblent immobiles et éternels comme les pics qui les dominent, et, quand on les contemple, ils ne laissent dans l'âme que l'impression d'un immense repos, d'une paix suprême. Cependant ils coulent comme le torrent qui s'en échappe ; les vagues solides qui hérissent leur surface s'élèvent et s'abaissent à la longue comme celles de la mer ; ils ont aussi leurs remous, leurs tourbillons, et les puissantes moraines qu'ils jettent à l'issue des gorges valent bien les alluvions que les fleuves vont porter sur leurs rives[1].

LE MONT-BLANC.

C'est seulement vers la fin du siècle dernier que le sommet de cette montagne, point culminant du continent européen, a été foulé par un pied humain. Pendant vingt-six ans de recherches et d'explorations, de Saussure s'était efforcé de l'atteindre, et toujours vainement. Trente excursions dans les Alpes lui avaient fait connaître tous les détails de ces montagnes ; mais il n'avait pu embrasser d'un coup d'œil leur ensemble, et il songeait toujours à l'admirable, mais, hélas ! inaccessible observatoire que semblait promettre le Mont-Blanc. « C'était devenu pour moi, » dit-il, « une sorte de ma-

1. Élisée Reclus, *Guide des Pyrénées.*

ladie; mes yeux ne rencontraient pas ce colosse, que l’on voit de si loin et de tant d’endroits, sans que j’éprouvasse un sentiment douloureux. »

Il put enfin le contempler avec un sentiment de triomphe : au mois d’août 1787, il parvint sur cette cime, si longtemps, si ardemment désirée, et dont un simple guide, Jacques Balmat, mort depuis dans les glaciers, avait trouvé le chemin l’année d’avant.

L’ascension du Mont-Blanc exige deux journées. Le premier jour, de Saussure campa pour la nuit à un niveau qu’aucun observateur n’avait encore atteint en Europe. Le lendemain il gagna la cime, d’assez bonne heure pour redescendre dans la même journée à Chamouni.

.... « Cette dernière partie de la montée fut, comme on doit le présumer, la plus fatigante pour la respiration, mais j’atteignis enfin ce but si longtemps désiré. Comme, pendant les deux heures que me prit cette pénible ascension, j’avais eu toujours sous les yeux, à peu près tout ce que l’on voit de la cime, cette arrivée ne fut pas un coup de théâtre; elle ne me donna même pas d’abord tout le plaisir que l’on pourrait imaginer; mon sentiment le plus vif, le plus doux, fut de voir cesser les inquiétudes dont j’avais été l’objet; car la longueur de cette lutte, le souvenir et la sensation même encore poignante des peines que m’avait coûtées cette victoire, me donnaient une espèce d’irritation. Au moment où j’eus atteint le point le plus élevé de la neige qui couronne cette cime, je la foulai aux pieds avec une sorte de colère plutôt qu’avec un sentiment de plaisir. D’ailleurs, mon but n’était pas seulement d’atteindre le point le plus élevé, il fallait surtout y faire les observations et les expériences qui seules donnaient quelque prix à ce voyage, et je

craignais infiniment de ne pouvoir faire qu'une partie de
ce que j'avais projeté. Car j'avais déjà éprouvé, même sur le
plateau où nous avions couché, que toute observation
faite avec soin fatigue dans cet air rare, et cela parce
que, sans y penser, on retient son souffle; et que comme
il fallait là suppléer à la rareté de l'air par la fréquence
des aspirations, cette suspension causait un malaise
sensible; j'étais obligé de me reposer et de souffler,
après avoir observé un instrument quelconque comme
après avoir fait une montée rapide.

« Cependant le grand spectacle que j'avais sous les
yeux me donna une vive satisfaction. Une légère vapeur
suspendue dans les régions inférieures de l'air me déro-
bait à la vérité la vue des objets les plus bas et les plus
éloignés, tels que les plaines de la France et de la Lombardie; mais je ne regrettai pas beaucoup cette perte;
ce que je venais voir, et ce que je vis avec la plus grande
clarté, c'est l'ensemble de toutes les hautes cimes dont
je désirais depuis si longtemps connaître l'organisation.
Je n'en croyais pas mes yeux, il me semblait que c'était
un rêve, lorsque je voyais sous mes pieds ces cimes majestueuses, ces redoutables aiguilles, le Midi, l'Argen-
tière, le Géant, dont les bases mêmes avaient été pour
moi d'un accès si difficile et si dangereux. Je saisissais
leurs rapports, leur liaison, leur structure, et un seul
regard levait des doutes que des années de travail n'avaient
pu éclaircir.

« La cime du Mont-Blanc est une espèce de dos d'â-
ne, ou d'arête allongée, dirigée du levant au couchant, à
peu près horizontale dans sa partie la plus élevée, et
descendant à ses deux extrémités sous des angles de
vingt-huit à trente degrés. Cette arête est très-étroite,
presque tranchante à son sommet, au point que deux

personnes ne pourraient pas y marcher de front; mais elle s'élargit et s'arrondit en descendant du côté de l'est, et elle prend du côté de l'ouest la forme d'un avant-toit, saillant au nord. Toute cette sommité est entièrement couverte de neige : on n'en voit sortir aucun rocher, si ce n'est à soixante ou soixante-dix toises au-dessous. Il aurait paru naturel de penser que la plus haute cime des Alpes devait se trouver auprès de leur centre, ou du moins vers le milieu de la largeur de la masse des montagnes primitives. Cependant, cela n'est point ainsi. On voit de la cime du Mont-Blanc qu'au midi, du côté de l'Italie, il y a beaucoup plus de hautes sommités qu'au nord, du côté de la Savoie; en sorte que cette haute cime se trouve presque au bord septentrional de l'ensemble des montagnes primitives. Aussi le spectacle est-il beaucoup plus beau et plus intéressant du côté de l'Italie; car les montagnes secondaires au nord, terminées par la ligne bleue et monotone du Jura, ne présentent rien de grand ni de varié ; et nos plaines, notre lac même, vus obliquement au travers des vapeurs de l'horizon, ne présentent que des teintes faibles et des objets peu distincts.

« Au contraire, du côté du midi, l'horizon couvert à perte de vue de hautes cimes, variées dans leurs formes et dans celles de leurs groupes, mélangées de neiges et de rochers, et entrecoupées de vallées verdoyantes, offre un ensemble également singulier et magnifique. Mais surtout, comme je l'ai déjà dit, les aiguilles et les glaciers de tous les environs du Mont-Blanc faisaient pour moi le spectacle tout à la fois le plus ravissant et le plus instructif.

« D'après l'élévation du Mont-Blanc, on a demandé si de la cime on ne pourrait pas voir la mer. Certainement nous ne la distinguâmes pas; mais il y avait à l'horizon de la vapeur qui nous aurait empêchés de la voir, lors même qu'elle aurait été dans la sphère de nos rayons visuels. Cependant on pourrait, de la cime de cette montagne, voir les bords du golfe de Gênes qui en sont éloignés de cinquante-six lieues, et même jusqu'à douze lieues au-delà, s'il n'y avait que des plaines entre le Mont-Blanc et la mer; cela ne serait nullement contraire aux lois de l'optique combinées avec la courbure de la terre. Mais comme tout ce golfe est bordé de montagnes, soit des Alpes au couchant, soit des Apennins au levant, il ne paraît pas que l'on puisse voir la mer du Mont-Blanc, ni même le Mont-Blanc de la mer, ce qui serait plus facile, parce que sa cime blanche, se projetant contre le bleu du ciel, formerait un objet plus distinct, à moins qu'on ne l'aperçût par quelque gorge ou quelque partie abaissée des montagnes de la côte de Gênes. Mais on peut très-bien voir cette cime du haut des montagnes qui sont au bord la mer; j'ai même cru la reconnaître de la montagne de Caume, au-dessus de Toulon. De l'intérieur des terres, on sait qu'on voit le Mont-Blanc à de très-grandes distances; de Dijon, par exemple, et même de Langres, qui en est éloigné de soixante-cinq lieues en ligne droite.

« C'est un fait connu de tous ceux qui ont atteint les cimes des montagnes élevées, que le ciel y paraît d'un bleu plus foncé que dans la plaine.

« La grande pureté et la transparence de l'air, qui sont les causes de cette intensité de couleur, produisent vers le haut du Mont-Blanc un singulier phénomène, c'est que l'on peut y voir les étoiles en plein jour; mais, pour cela, il faut être entièrement à l'ombre, et avoir même, au-dessus de sa tête, une masse d'ombre d'une épaisseur considérable ; sans quoi, l'air trop fortement éclairé fait évanouir la faible clarté des étoiles. L'endroit le plus convenable pour faire cette observation le matin était la montée qui conduit à l'épaule du Mont-Blanc : quelques-uns des guides ont assuré avoir vu de là des étoiles ; pour moi, je n'y songeai pas, en sorte que je n'ai point été le témoin de ce phénomène ; mais l'assertion uniforme des guides ne me laisse aucun doute sur sa réalité.

« Un autre effet singulier de la pureté de l'air et de la couleur foncée du ciel, qui en est la suite, fut un mouvement de terreur qu'il inspira à quelques guides dans une des premières tentatives qu'ils firent pour atteindre la cime. Comme ils gravissaient une pente de neige rapide, ils virent tout d'un coup le ciel par une espèce d'embrasure qui terminait le haut de cette pente ; la couleur noire du ciel leur fit prendre cette embrasure pour un gouffre : ils rebroussèrent d'épouvante, et rapportèrent à Chamouni qu'ils n'avaient pas pu avancer, parce qu'ils avaient vu un gouffre horrible s'ouvrir devant eux.

« Nous ne vîmes à cette hauteur d'autres animaux que deux papillons : l'un était une petite phalène grise qui traversait le premier plateau de neige ; l'autre un papillon de jour qui me parut être le myrtil ; il traversait la dernière pente du Mont-Blanc environ à cent toises au-dessous de la cime. J'ai quelquefois été témoin de la manière dont ces insectes s'engagent sur les glaciers. En voltigeant sur les prairies qui les bordent, ils s'aventurent au-dessus de la neige ou de la glace, et s'ils perdent la terre de vue ils vont toujours en avant, et ne sachant pas où se poser, pour peu que le vent les soutienne, ils volent jusque sur les sommités les plus élevées, où ils tombent enfin de fatigue et meurent sur la neige.

« La nature n'a point fait l'homme pour ces hautes régions ; le froid et la rareté de l'air l'en écartent, et comme il n'y trouve ni animaux, ni plantes, ni même des métaux, rien ne l'y attire ; la curiosité et un désir ardent de s'instruire, peuvent seuls lui faire surmonter pour quelques instants les obstacles de tout genre qui en défendent l'accès. »

LE COL DU GÉANT.

« Les fatigues de l'ascension, la difficulté de respirer, dont la raréfaction de l'air faisait un véritable et rude labeur, la nécessité de franchir avant la nuit les mauvais pas que la descente nous tenait en réserve, ne permirent pas de rester plus de quatre heures et demie au sommet du Mont-Blanc et d'y exécuter les expériences que j'avais fréquemment achevées en moins de trois heures au bord de la mer.

« Dès le printemps suivant, je réparai ces omissions dans un site, à la vérité moins élevé, mais plus commode, le col du Géant, dont la hauteur absolue (3714 mèt.) formait une base suffisamment aérienne pour un laboratoire de physique.

« Nulle parole ne saurait décrire, nul pinceau esquisser l'immense panorama que l'on découvre de ce point des Alpes. A 3300 mètres sous mes pieds apparaissaient le Val Ferret, Courmayeur, et l'Allée-Blanche avec ses glaciers, ses lacs et ses torrents. Au delà, l'œil s'égarait à perte de vue dans un admirable labyrinthe de monts et de vallées. En face de moi s'éle-

Le Mont-Cervin vu de Zermatt.

vaient le Cramont et l'Arquille de Chavannes; à l'est, l'inaccessible pyramide du Mont-Cervin, la dent d'Hérins et la masse colossale du Mont-Rose, dont la cime n'est que de 191 mètres inférieure à celle du Mont-Blanc. Puis s'échelonnaient les unes derrière les autres les sommités ardues du Val Pellina et les glaciers du Val d'Aoste; un peu plus au sud, les montagnes sombres de Champorcher, le Ruitor, derrière lequel se dresse le Mont-Iseran, le petit Saint-Bernard, la chaîne neigeuse des Alpes dauphinoises et enfin, au-dessus de tout, la cime géante du Mont-Blanc, dominant mon observatoire de plus de 1860 mètres.

« Pendant les dix-sept jours que je passai sur le col du Géant nous essuyâmes de nombreuses rafales, mais dans la nuit du 4 au 5 juillet, nous fûmes accueillis par le plus terrible orage dont j'aie jamais été témoin. Il s'éleva à une heure après minuit un vent du sud-ouest d'une telle violence que je croyais à chaque instant qu'il allait emporter la cabane de pierre dans laquelle mon fils et moi nous étions couchés. Ce vent avait ceci de singulier qu'il était périodiquement interrompu par des intervalles du calme le plus parfait. Dans ces intervalles nous entendions le vent souffler au-dessous de nous dans le fond de l'Allée-Blanche, tandis que la tranquillité la plus absolue régnait autour de notre cabane. Mais ce calme était toujours suivi de rafales d'une violence inexprimable; c'étaient des coups redoublés qui ressemblaient à des décharges d'artillerie: nous sentions la montagne même s'ébranler sous nos matelas; le vent se faisait jour par les joints des pierres de la cabane; il souleva même deux fois mes draps et mes couvertures et me glaça de la tête aux pieds; il se calma un peu à l'aube du jour, mais il se releva bientôt et revint accompagné de neige, qui entrait de toutes parts dans notre cabane. Nous nous réfugiâmes alors dans une des tentes où l'on était mieux à l'abri. Nous y trouvâmes les guides obligés de soutenir continuellement les mâts, de peur que la violence du vent ne les renversât et ne les balayât avec la tente.

« Vers les sept heures du matin, il se joignit à l'orage de la grêle et des tonnerres qui se succédaient sans interruption ; l'un d'eux tomba si près de nous que nous entendîmes distinctement une étincelle, qui en faisait partie, glisser en petillant sur la toile mouillée de la tente, précisément derrière la place qu'occupait mon fils.

« Je constatai aussi sur ces hauteurs un autre phénomène dont la fréquence et le fracas ne peuvent jamais être oubliés de qui en a été témoin.

« Les eaux de neiges qui s'infiltrent continuellement dans les interstices ouverts des couches inclinées des montagnes et y sont ensuite dilatées par la congélation, les séparent et les dégradent. Aussi tous ceux qui ont observé les Alpes ont-ils reconnu qu'elles étaient dans un état de dégradation continuelle. Je n'exagérerais pas quand je dirais que nous ne passions pas une heure sans voir ou sans entendre quelque avalanche de rochers se précipiter avec le bruit du tonnerre, soit des flancs du Mont-Blanc, soit de l'aiguille Marbrée, soit de l'arête même sur laquelle nous étions établis.

« La seizième et dernière soirée que nous passâmes sur le col du Géant fut d'une beauté ravissante. Il semblait que toutes ces hautes sommités voulussent que nous ne les quittassions pas sans regret. Le vent froid qui avait rendu la plupart des soirées si incommodes

ne souffla point ce soir-là. Les cimes qui nous dominaient et les neiges qui les séparent se colorèrent des
plus belles nuances de rose et de carmin : tout l'horizon de l'Italie paraissait bordé d'une large ceinture, et
la pleine lune vint s'élever au-dessus de cette ceinture
avec la majesté d'une reine, et teinte du plus beau vermillon. L'air, autour de nous, avait cette pureté et cette
limpidité parfaite qu'Homère attribue à celui de l'Olympe, tandis que les vallées, remplies des vapeurs qui
s'y étaient condensées, semblaient un séjour d'épaisses
ténèbres.

« Mais comment peindrai-je la nuit qui succéda à
cette belle soirée, lorsque après le crépuscule la lune,
brillant seule dans le ciel, versait les flots de sa lumière
argentée sur la vaste enceinte des neiges et des rochers
qui entouraient notre cabane? Combien ces neiges et
ces glaces, dont l'aspect est insoutenable à la lumière
du soleil, formaient un étonnant et délicieux spectacle
à la douce clarté du flambeau de la nuit! Quel magnifique contraste ces rocs de granit rembrunis et découpés avec tant de netteté et de hardiesse présentaient
au milieu de ces neiges brillantes! Quel moment pour
la méditation! De combien de peines et de privations
de semblables moments ne dédommagent-ils pas!
L'âme s'élève, les vues de l'esprit semblent s'agrandir,
et au milieu de ce majestueux silence on croit entendre
la voix de la nature, et devenir le confident de ses opérations les plus secrètes. »

(Extrait de DE SAUSSURE.)

ILLUMINATION DES ALPES.

Si les avalanches et les éboulements sont les plus terribles phénomènes de la nature dans les Alpes, l'illumination de leurs sommets neigeux au coucher du soleil en est sans contredit l'un des plus beaux et des plus remarquables.

« Le soleil, depuis le moment du contact de son bord inférieur avec la crête du Jura jusqu'à la disparition totale de son bord supérieur, prend en moyenne $3^m 15^s$ de temps pour se coucher à Genève, au moins 3 minutes, au plus 3 min. 1/2.

« Une fois le soleil disparu, le ciel, à l'ouest, s'il est pur, reste brillant d'une vive lumière blanche, ou seulement légèrement teinté d'une nuance jaunâtre. S'il y a des nuages épars, leurs bords encore éclairés se colorent vivement en jaune d'or, ou en orangé, ou en rouge, mais le ciel lui-même, dans leurs intervalles, ne participe point encore à ces vives couleurs, et reste blanc sans éprouver de changement notable, sauf une diminution dans l'intensité de la lumière, jusqu'après que toutes les apparences qui ont lieu dans la partie orientale de l'horizon aient complétement cessé.

« Portons donc nos regards vers l'est. La plaine est dans l'ombre, et les montagnes brillamment éclairées, se font remarquer par la vivacité et, ainsi que l'expriment les peintres, par la chaleur de leurs teintes. C'est, en effet, le contraste entre les clairs et les ombres qui donne la vivacité et l'effet à cette coloration, et c'est un mélange de couleur rouge ou orangée qui lui donne ce ton chaud. Cette couleur se fait particulièrement remarquer sur les rochers calcaires (blancs jaunâ-

tres) des montagnes les plus rapprochées, et surtout
sur les neiges éternelles de la chaîne centrale et du
Mont-Blanc. Sur les chaînes intermédiaires, la couleur
sombre des bois, des prairies, des rochers, et la plus
grande épaisseur de la couche d'air interposée, donnent
à cette teinte une nuance plus pourprée.

« Cependant, l'ombre monte rapidement sur le flanc
des chaînes les plus rapprochées des Salèves et des Voirons: et en même temps cessent pour les parties
qu'elle a envahies, outre l'éclairement, l'effet et la chaleur des teintes. Une nuance sombre, uniforme et terne
les remplace, et c'est par ce passage rapide d'un état
à un autre aussi différent, que l'on peut apprécier avec
certitude pour chaque lieu le moment précis où son é-
clairement doit cesser.

« Graduellement, l'ombre a franchi les premiers
gradins du Salève, et, en 17 minutes, elle atteint en
même temps et le Piton, qui est le point le plus culminant, à environ 914 mètres au-dessus de la plaine, et
le sommet des Voirons, qui en est à 1000 mètres, et
qui est d'environ trois lieues et demie plus à l'E. que
le Piton. En 21 minutes elle s'est élevée au sommet du
Môle et à celui du Brezon, éloignés de près de cinq
lieues, et ayant environ 1833 mètres de hauteur absolue, elle a envahi les crêtes des Vergis, remarquables,
à plus de 2534 mètres de hauteur, par la couleur brillante que réfléchissaient leurs rochers calcaires éloignés
de 7 lieues et demie.

« Cette extension progressive du domaine de l'ombre,
ainsi que de la monotonie et de l'obscurité qui l'accompagnent, et la diminution croissante des portions
encore éclairées, sont accompagnées d'une circonstance déjà remarquée, quoique moins distinctement,

sur les premières montagnes, savoir : une augmentation apparente dans l'éclat, la vivacité et la coloration des parties encore éclairées, produite par le contraste avec la teinte d'un gris bleuâtre, froide, sombre, terne et uniforme de celles qui ont cessé de l'être. Alors les neiges des montagnes éloignées et éclairées ont une couleur d'un jaune orangé vif, et les rochers de ces montagnes une teinte plutôt d'un orangé rougeâtre.

« Lorsque les premiers chaînons des Alpes, ceux qui ne pénètrent pas dans la zone des neiges éternelles, sont entièrement dans l'ombre, les rochers, et surtout les neiges de la chaîne centrale, prennent un ton de couleur toujours plus intense et plus rouge ; sur les neiges, c'est un orangé vif, puis un rouge aurore ; sur les rochers, une teinte analogue, mais un peu grisâtre. Pénétrés, comme ils le sont tous, neiges et rochers, par une même lumière rouge orangé, leur contraste n'est point sec, point trop frappant ; mais leurs diverses nuances s'harmonisent ensemble de la manière la plus agréable à l'œil. La partie du ciel sur laquelle se projettent ces montagnes, et qui s'élève de 3 à 4° au-dessus de l'horizon, a déjà une teinte légèrement rougeâtre et qui dès lors, va toujours en augmentant d'intensité et de rougeur.

« Environ 23 ou 24 minutes après le coucher du soleil, l'ombre a atteint la plus basse cime neigée de la chaîne centrale, le dôme de neige du Ruet, élevé de 3075 mètres au-dessus de la mer ; 3 minutes après, elle atteint le sommet de l'Aiguille-Verte, à 4081 mètres de hauteur absolue. C'est alors que le Mont-Blanc, qui reste seul éclairé lorsque tout le reste de la surface de la terre est plongé dans l'ombre, paraît briller de la plus vive lumière d'un rouge orangé, et, dans certaines circonstances, d'une rouge de feu comme un charbon ardent. On croit voir alors un corps étranger à la terre. Enfin, ce n'est qu'une demi-heure après que le soleil s'est couché pour la plaine, qu'il se couche pour le sommet du Mont-Blanc, placé à 4811 mètres de hauteur absolue, et éloigné de Genève de 15 lieues.

« A dater du moment où l'ombre a recouvert les cimes neigées, en commençant par le Buet, un changement frappant s'est opéré dans l'aspect de chacune de ces cimes, à mesure qu'elle s'obscurcissait. Ces couleurs si brillantes et si chaudes, cet effet si harmonieux d'éclairement et de coloration qui confondait les neiges et les rochers dans une même teinte aurore dont ils ne présentaient que de simples nuances, tout s'est évanoui pour faire place à un aspect que l'on peut nommer vraiment cadavéreux; car rien n'approche plus du contraste entre la vie et la mort sur la figure humaine que ce passage de la lumière du jour à l'ombre de la nuit sur ces hautes montagnes de neiges. Alors les neiges sont devenues d'un blanc terne et livide, les bandes et les pointes des rochers qui les traversent ou qui en sortent ont pris des teintes grises ou bleuâtres, contrastant durement avec le blanc mat des neiges. Tout effet a cessé, tout relief a disparu; plus de contraste d'ombre et de clair, plus de contours arrondis; la montagne s'est aplatie et paraît comme un mur vertical. Le ton général de la couleur est devenu aussi froid et aussi rude qu'il était chaud et vif auparavant.

« C'est ce passage si rapide à deux états si différents qui rend depuis longtemps le coucher du soleil, sur l'immense masse neigée du Mont-Blanc, un spectacle si intéressant, non seulement pour les étrangers, mais même pour ceux qui, nés au pied de cette montagne, et qu'une longue habitude paraîtrait avoir dû accoutumer à cette vue, ne se lassent cependant pas de l'admirer. Mais un troisième état de lumière va succéder, qui ajoute encore à l'intérêt de cette contemplation.

« La partie du ciel voisine de ces monts, et sur laquelle ils se projettent, que nous avons déjà observée avec une teinte rougeâtre, a pris, depuis la décoloration et l'obscurcissement des montagnes, un état toujours plus vif et une couleur toujours plus rouge. Si on continue à l'observer attentivement, on verra, une ou deux minutes après que la lumière a disparu du haut du Mont-Blanc, paraître dans la partie inférieure de ce ciel rouge une bande horizontale obscure, bleue, d'abord très-étroite, mais qui augmente rapidement de hauteur et paraît comme chasser en haut les vapeurs rouges dont elle prend la place. Cette bande, c'est l'ombre qui recouvre les régions les plus élevées de l'atmosphère des contrées situées au loin derrière le Mont-Blanc. Ces régions, paraissant d'autant plus basses au-dessus de l'horizon qu'elles étaient plus éloignées, réfléchissaient d'abord la couleur rouge; lorsque l'ombre les a gagnées, elles se sont obscurcies, et n'ont plus paru que comme une bande horizontale sombre, et de la couleur bleue ordinaire du ciel vers l'horizon. Des régions également élevées, mais plus rapprochées de nous, ont comme hérité des teintes vives que les premières ont perdues et qui semblent ainsi monter graduellement sur l'horizon, comme poussées par la bande horizontale obscure.

« Lorsque cette bande a acquis une élévation dont je n'ai pu encore déterminer précisément la hauteur angulaire, mais lorsqu'elle a considérablement dépassé le sommet du Mont-Blanc, c'est-à-dire 35 minutes envi-

ron après que le soleil s'est couché pour la plaine, alors
on voit les neiges du Mont-Blanc et des autres montagnes neigées se colorer de nouveau, recouvrer en quelque sorte la vie, les montagnes reprendre du relief, un
ton chaud, une couleur jaune plus ou moins orangée,
quoique bien plus faible qu'avant le coucher du soleil;
on voit les contrastes entre les rochers et les neiges disparaître; les premiers prendre une couleur plus chaude
et plus jaune, et s'harmoniser de nouveau avec les neiges. Peu à peu, ce même effet se produit sur des montagnes plus rapprochées à mesure que la zone des vapeurs rouges s'élève, et qu'avec elle s'élève aussi, en
s'élargissant, la bande horizontale obscure sur laquelle
elle repose. Alors il ne reste plus dans les montagnes
de la lisière des Alpes, le Môle, les Voirons, etc., que
les bois et les prairies qui conservent encore la teinte
froide grise ou bleuâtre, qui auparavant se répandait
sur tout, excepté sur les neiges, et jusqu'à la nuit
close toutes les montagnes ont repris et conservent,
quoique s'atténuant, les mêmes proportions de couleur,
de teintes, d'ombres et de clairs, le même effet général
qu'elles avaient avant leur décoloration et leur obscurcissement.

« Les vapeurs rouges continuent toujours à s'élever à
l'est, jusqu'à environ 42 minutes après le coucher du
soleil pour la plaine; alors, dans les circonstances ordinaires, elles disparaissent entièrement dans cette région
du ciel, la bande obscure, ou l'ombre, occupant, en
ce moment, toute la région orientale jusque vers le
zénith. Les phénomènes crépusculaires ordinaires sont
donc terminés pour cette zone, et vont commencer pour
la partie occidentale du ciel. »

(L. A. NECKER, Annales de chimie et de physique, 1839.)

II

LES PYRÉNÉES

Je venais de parcourir l'Auvergne en touriste rêveur, un peu aussi en géologue. J'avais dénombré l'un après l'autre ses cent cinquante volcans éteints ; j'avais dormi au bruit des cascades dans ses vallons ombreux ; j'avais sondé ses lacs, clairs et profonds, reposant dans de verdoyants cratères comme des miroirs dans des cadres de malachite. Pendant des journées entières, j'avais longé ses fleuves de lave qui semblent avoir coulé d'hier, foulé l'épais et humide tapis de ses plateaux herbageux que supportent des colonnades de basaltes, et mesuré ses dykes gigantesques, rouges et cendrés encore comme au sortir de la fournaise qui les projeta à travers l'écorce du globe. Enfin, au sommet du Sancy, accoudé à la borne trigonométrique qui marque le point culminant de la France centrale, j'avais vu le soleil levant, rayonnant sur toute l'orographie de l'antique Arvernie, enluminant de teintes magiques et d'oppositions d'ombre et de lumière le lacis immense de cimes, de pics, de chaînes, qui, du Puy-de-Dôme au Mézenc, et du Cantal au Pilat, s'élèvent, se croisent, s'arrondissent et ondulent : vagues pétrifiées d'un ancien océan de feu. Peu de jours après, les yeux et l'esprit encore éblouis de ce que je venais de voir, je suivais la route de Castres à Toulouse, qui m'offrit soudain, entre Puylaurens et Lavaur, une perspective toute différente et non moins grandiose. Comme j'atteignais le sommet d'un de ces larges et

Une gorge dans les Pyrénées.

plantureux plis de terrain qui caractérisent cette contrée, j'aperçus devant moi toute la vallée de la Haute-
Garonne, diaprée des teintes de l'automne et illuminée
par le soleil couchant. Des traînées de chaudes vapeurs,
s'élevant de toutes les concavités de cet immense et
riche bassin, entouraient d'une auréole vermeille chaque
relief du sol, chaque lit de ruisseau, chaque ensemble
de bourgades, chaque groupe d'arbres formant des vergers de fermes ou des parcs de châteaux, tandis que du
sein de ces faisceaux de lumière ou de verdure, la fumée de nombreux foyers montait en lentes spirales dans
l'atmosphère immobile. Mais le trait le plus caractéris-
tique de ce tableau, c'était, vers le sud, une immense
muraille qui bordait l'horizon, et dont la teinte, assez
uniformément bleuâtre à la base, passait graduellement
au lilas et au pourpre vers le sommet surmonté de créneaux d'une blancheur éclatante, frappée de rose et d'or
par les derniers feux du jour. Cette muraille n'était
autre chose que la ligne des Pyrénées se développant
avec majesté depuis le Canigou jusqu'à la vallée d'Aspe;
ces créneaux, c'étaient les pics qui la couronnent. De ce
ce point de vue, et à une distance qui varie de 25 à
60 lieues, la chaîne entière revêt des proportions colossales, la limpidité de l'atmosphère exagère l'angle
qu'elle forme avec l'horizon, on dirait que c'est la dernière limite de la terre. C'est tout au moins la limite
d'un monde et d'une civilisation. Au delà, ce n'est pas
encore l'Afrique; est-ce bien encore l'Europe?

LES PYRÉNÉES. — LE GAVE DE PAU.

Nous avons contemplé de loin l'ensemble des Pyrénées, pénétrons dans leurs sauvages replis sur les pas

du naturaliste Ramond, de cet écrivain que nos pères ont
appelé le peintre des Pyrénées [1]. Le Gave de Pau, le
Gave par excellence, remonté jusqu'à ses sources, nous
conduira au centre même de leur massif le plus remarquable; hémicycle colossal qui va du pic de Néouvielle [2],
à l'ouest, à la cime du Vignemale [3], au levant, et que
couronne, au sud, le Mont-Perdu. Si l'on gravit jusqu'au
point culminant d'un éperon, projeté par la chaîne centrale sur la ligne méridienne de cet hémicycle, on est
sur le faîte du Piméné, à 2803 mètres au-dessus du niveau de la mer; on a sous ses pieds, à droite ou à
gauche, deux vallées sœurs, de même formation et descendant toutes deux du même massif : la vallée d'Estaubé et celle de Gavarnie. Mais du sud au nord, quelle
vue!...

« Est-ce des aspects que l'on cherche au Piméné?
Voilà le Mont-Perdu, le Cylindre, le Marboré, ses tours
et ses créneaux. On les a vus séparés, il faut les voir
ensemble; on les a vus de loin, il faut les voir de près;
on les a vus du fond des vallées, il faut les voir de niveau, dominer ces vallées, ces cirques, ces amphithéâtres,
et la source des longues cascades qui en franchissent
les degrés. Comme ces murailles s'élèvent du sein de
ces obscures profondeurs! comme elles surmontent le
confus amas des Pyrénées! quelles formes! quelle couleur! quel jour en éclaire le faîte et quelle distance ces
clartés mettent entre elles et tout ce qui rivalise avec
elles! C'est ainsi que les hauteurs extraordinaires se
distinguent des hauteurs communes. Plus on s'élève et

---

1. Il a été pour ces montagnes ce que Saussure a été pour les
Alpes.
2. Hauteur 3092 mètres.
3. 3290 mètres.

plus on est accablé de leur supériorité, et la comparaison de ce qui en approche de plus près est encore ce qui les rehausse davantage.

« Le spectateur est-il occupé de plus vastes pensées ? s'agit-il de reconnaître l'ordonnance de la chaîne ? Voici l'observatoire du géologue ; les montagnes primordiales sont derrière lui, les secondaires sous ses yeux, la transition à ses pieds, les alignements de tous côtés. Il contemple le chaînon tertiaire dans toute son étendue, et il médite sur les révolutions de la terre, en promenant ses regards sur cet immense cimetière de l'ancien monde. Nulle part des dépouilles aussi vénérables n'ont un monument si auguste. Élevé dans la haute région où le temps passe sans jamais rajeunir, la neige l'entoure de sa ceinture funèbre. Partout la mort ; elle est dans sa substance, elle est dans ses formes, elle repousse tout ce qui vit de sa redoutable enceinte. Comme elles menacent ces vallées, ces cimes démantelées qui ne leur envoient que des orages, des ruines, des torrents et des lavanges ! »

Du sommet du Piméné on peut descendre directement à Gavarnie par la brèche d'Allauz, haute de 2546 mètres. Mais nous aimons mieux entrer dans la célèbre vallée par son débouché septentrional et la remonter avec le guide que nous venons de citer. On ne saurait en avoir de meilleur.

« En remontant le cours du Gave de Pau, de Lourdes à Pierrefitte, de Pierrefitte à Luz, de Luz à Gavarnie, on traverse une suite de défilés toujours plus courts et de bassins toujours plus resserrés, jusqu'au bassin supérieur, ouvert sur la crête même des montagnes de la frontière, et qui reçoit leurs premières eaux. Tous ces bassins ont été autant de lacs ; tous ces défilés ont été autant de détroits par lesquels les eaux sont tombées d'étage en étage, sous la forme de longues et terribles cataractes, avant d'avoir creusé le lit qu'elles parcourent actuellement. Dans ces contrées, on distingue rarement par des noms différents les torrents destinés à se réunir avant leur sortie des Pyrénées. Presque tout ce qui forme le Gave est Gave comme lui ; car ce mot chez les Celtes, nos ancêtres, signifiait eau, et dans ces temps antiques, où la nature seule posait des bornes entre les peuplades, la tribu ou horde, toujours contenue dans une même vallée et ses dépendances immédiates, ne distinguait pas, par des dénominations diverses, des eaux que confondaient une propriété unique et un sort commun.

VALLÉE ET CIRQUE DE GAVARNIE.

« L'entrée de la vallée de Gavarnie participe encore à la parure du charmant bassin de Luz. Le Gave qui s'en échappe n'a pas, comme son tributaire de la vallée de Bastan, des bords nus et dévastés. Des arbres ombragent son cours, des habitations le dominent. A l'orée de chaque vallon, de chaque ravine transversale, un torrent roule, se précipite et glisse dans son sein, tantôt vomi par des rochers sauvages, tantôt échappé à des ombrages touffus. Au hameau de Scia, dispersé entre de gros blocs de roches, les brusques détours d'un sentier rapide aboutissent à un pont d'une seule arche, élevé de 30 mètres environ au-dessus du niveau des eaux. De ce pont on voit le Gave encaissé entre des roches perpendiculaires, former une longue et terrible cataracte, à l'ombre des arbres dont elles sont couronnées, redoubler de rapidité, s'élancer bouillonnant sous

Le Pont de Scia.

la vieille arcade et fuir comme l'éclair, sans flots et sans écume, dans un tortueux labyrinthe de rochers sur lequel se voûte une épaisse et tranquille verdure. Le pont lui-même, antique et dégradé, revêtu de lierre qui pend de sa voûte en rustiques festons, a pris en quelque sorte l'uniforme de la nature, et a cessé d'être, dans ce sauvage tableau, un objet étranger.

« Au détour d'un second défilé et d'un second pont, on entre dans la campagne de Gèdres, verdoyante et cultivée, on marche entre deux haies de noisetiers, on longe des vergers ; mais la montagne est toujours voisine et les guides ne manquent pas de montrer aux voyageurs un bloc de rocher qui roula des sommets, il y a quelques années, et broya une maison.

« Tout le long des étroits passages que nous avions suivis jusque-là, nous avions rencontré les bergers des monts voisins de l'Espagne, qui en descendaient pour changer de pâturages. Chacun chassait devant soi son bétail. Un jeune berger marchait à la tête de chaque troupeau, appelant de la voix et de la cloche les brebis qui le suivaient avec incertitude et les chèvres aventurières qui s'écartaient sans cesse. Les vaches marchaient après les brebis, non comme dans les Alpes, la tête haute et l'œil menaçant, mais l'air inquiet, et effarouchées de tous les objets nouveaux. Après les vaches, venaient les juments, leurs poulains étourdis, les jeunes mulets, plus malins, mais plus prudents ; enfin le patriarche et la femme à cheval ; les jeunes enfants en croupe ; le nourrisson dans les bras de sa mère, couvert d'un pli de son grand voile écarlate ; la fille occupée à filer sur sa monture ; le petit garçon à pied, coiffé du chaudron ; l'adolescent armé en chasseur, et celui des fils, que la confiance de la famille avait plus particulièrement préposé au soin du bétail, distingué par le sac à sel, orné d'une grande croix rouge. Naïve image de l'homme qui accomplit le premier pacte que sa race a fait avec la terre, vivante image du pasteur de toutes les montagnes du monde, de quel siècle ne serait-elle pas contemporaine? A quels climats est-elle totalement étrangère? Quels âges de la vie pastorale et quels lieux aimés des troupeaux ne me rappellerait-elle pas? Ainsi marchait, il y a plus de trois mille ans, le berger que nous peignit Moïse; tel était le régime des troupeaux du *désert*, dès ces temps reculés où les Grecs l'observèrent pour la première fois; tel je l'ai trouvé dans les Alpes et le retrouve dans les Pyrénées; tel je le retrouverais partout. Tableau doux et champêtre, dont la simple nature a fait les frais; il doit réunir comme elle la vénérable empreinte de l'antiquité aux charmes d'une immortelle jeunesse, et se renouveler, au retour de chaque année, comme la feuille des arbres et comme l'herbe des prés. »

« Au delà de Gèdres, on s'élève sur les bases du Coumélie; les montagnes se resserrent et le torrent gronde au fond d'un précipice. Ici tout est débris, et ces débris sont énormes. Un éboulement immense de blocs de granit, confusément entassés, descend du haut des monts jusqu'au plus profond de la vallée, monument terrible de la chute d'un contre-fort du Coumélie et du Piméné. Là des masses de dix mille à cent mille pieds cubes (370 mètres à 3700 mètres) sont amoncelées, suspendues les unes sur les autres, comme les menus cailloux de nos torrents. Le Gave, comprimé, repoussé, divisé par ces ruines que toute sa furie ne peut écarter, leur échappe en mugissant, et ajoute à l'horreur de ce chaos le tumulte de ses cataractes et le tonnerre de ses flots.

Le Chaos.

« C'est sous l'impression de ce grand tableau, que les touristes nomment le *chaos* et les gens du pays la *peyrada*, que l'on arrive au village de Gavarnie, village insignifiant de quelques centaines d'habitants, situé à 1109 mètres, et qui doit sa réputation plus qu'européenne au cirque dont il porte le nom.

«.... Pour arriver à cet amphithéâtre de Titans, il faut traverser successivement trois bassins échelonnés l'un au-dessus de l'autre, qui furent autrefois des lacs. Après avoir franchi une butte gazonnée, qui servait jadis de digue supérieure au dernier des trois, on se trouve dans le cirque même du Marboré, sur ses neiges inférieures et en face de ses cascades.

« Que l'on s'imagine une aire semi-circulaire dont le sol se creuse en entonnoir et dont l'enceinte est un mur vertical de douze à quatorze cents pieds de haut, surmonté par les vastes gradins d'un amphithéâtre blanchi de neiges éternelles et couronné lui-même par des rochers en forme de tours ayant des glaciers pour créneaux. Dix ou douze torrents tombent de cet amphithéâtre. Le plus considérable de tous, que l'on considère comme la source du Gave de Pau, se précipite du haut d'une roche surplombée, en frappe une saillie vers les deux cinquièmes de sa chute, et se brise plus bas sur une projection plus saillante de la même roche, après avoir parcouru une verticale de 422 mètres.

« Elle tombe lentement comme un nuage qui descend,
« ou comme un voile de mousseline qu'on déploie ; l'air
« adoucit sa chute ; l'œil suit avec complaisance la gra-
« cieuse ondulation du beau voile aérien. Elle glisse le
« long du rocher, et semble plutôt flotter que couler.
« Le soleil luit, à travers son panache, de l'éclat le plus
« doux et le plus aimable. Elle arrive en bas comme un

« bouquet de plumes fines et ondoyantes et rejaillit en
« poussière d'argent ; la fraîche et transparente vapeur
« se balance autour de la pierre trempée ; et sa traînée
« rebondissante monte légèrement le long des assises.
« L'air est immobile ; nul bruit, nul être vivant dans
« cette solitude. On n'entend que le murmure monotone
« des cascades, semblable au bruissement des feuilles
« que le vent froisse dans une forêt[1]. »

«.... Après une journée d'études, tant dans le fond
du cirque que sur le sommet de l'amphithéâtre, où je
parvins à m'élever par le côté de l'enceinte opposé à la
grande cascade, je repris au coucher du soleil la route
de Gèdres. A chaque pas, je sentais changer la température. Du haut du rocher à Gavarnie, j'avais passé de
l'hiver au printemps ; de Gavarnie à Gèdres, je passai
du printemps à l'été. Ici j'éprouvais une chaleur douce
et calme. Les foins, nouvellement fauchés, exhalaient
leur odeur champêtre ; les plantes répandaient ce parfum que les rayons du soleil avaient développé et que
sa présence ne dissipait plus. Les tilleuls, tout en fleurs,
embaumaient l'atmosphère. J'entrai dans une maison
d'où l'on voit les cataractes cachées du Gave de Héas.
Au fond de la cour, il y a un rocher qui les domine, et
j'allai m'y asseoir. La nuit tombait, et les étoiles per-
çaient successivement, par ordre de grandeur, le ciel
obscurci. Je perdis la notion du torrent et du fracas de
ses flots en aspirant l'air de la vallée et ses senteurs dé-
licieuses qui montaient jusqu'à moi. Il y a je ne sais
quoi dans les parfums, qui réveille puissamment le
souvenir du passé. Rien ne rappelle au même degré,
des lieux chéris, des situations regrettées, de ces mi-

1. Taine, *Voyage aux Pyrénées.*

Le cirque de Gavarnie.

nutes dont le passage laisse d'aussi profondes traces
dans le cœur, qu'elles en laissent peu dans la mémoire.
L'odeur d'une violette rend à l'âme des jouissances de
plusieurs printemps. Je ne sais de quels instants de ma
vie le tilleul en fleur fut témoin, mais je sentais vivement qu'il ébranlait des fibres depuis longtemps tranquilles, qu'il arrachait d'un profond sommeil des rémi-
niscences liées à de beaux jours ; je trouvais, entre mon
cœur et ma pensée, un voile qu'il m'aurait été doux,
peut-être.... triste, peut-être.... de soulever. Je me
plaisais dans cette rêverie vague et voisine de la tristesse qu'excitent les images du passé ; j'étendais sur la
nature l'illusion qu'elle avait fait naître, en lui alliant,
par un mouvement involontaire, les temps et les faits
dont elle évoquait la mémoire ; je cessais d'être isolé
dans ces lieux sauvages ; une secrète et indéfinissable
intelligence s'établissait entre eux et moi ; et seul, sur
les bords du torrent de Gèdres, seul, mais sous ce ciel
qui a vu s'écouler tous les âges et qui enserre tous les
climats, je me livrais avec attendrissement à cette sécurité si douce, à ce profond sentiment de coexistence
qu'inspirent les champs de la patrie.... Invisible main,
qui répands quelques doux moments dans la vie, comme
des fleurs dans un désert, sois bénie pour ces heures
passagères, où l'esprit se repose, où le cœur s'entend
avec la nature ! Car *sentir* est à nous, êtres faibles que
nous sommes, et *connaître* est à celui qui, en livrant la
terre à nos partages et l'univers à nos disputes, étendit
entre la création et nous, entre nous et lui-même, la
sainte obscurité qui le couvre. »

LE MONT-PERDU

Le Mont-Perdu, la plus haute cime des Pyrénées après le pic Posets et celui de Néthou[1], a 3351 mètres d'élévation; il est, comme ses deux rivaux, situé en Espagne, au sud de l'axe de la chaîne et de la ligne de séparation des eaux.

Il était regardé comme inaccessible avant que Ramond fût parvenu à en gravir le sommet, le 2 août 1802, après trois tentatives successives et vaines ; les montagnards n'en connaissaient pas le chemin ; ils égaraient Ramond quand ils essayaient de le conduire : ce fut lui qui les guida.

Son point de départ fut la vallée d'Estaubé, qui débouche du côté du sud dans la vallée d'Héas. Le sentier difficile qui la remonte a reçu le nom de Passe des Glouriettes. Quand elle s'élargit, elle devient plus riante. Ses divers bassins sont recouverts d'excellents pâturages, visités chaque année par de nombreux troupeaux. Elle se termine au pied des montagnes qui forment la base du Mont-Perdu. Son troisième et dernier bassin est dominé par un cirque moins considérable, mais, dans son genre, aussi intéressant que ceux de Gavarnie et de Troumouse, et comme ceux-ci plein de beautés qui lui sont propres.

A son extrémité orientale le Port de Pinède, large et profondément taillé, forme l'une des plus belles portes qui soient ouvertes dans le faîte des Pyrénées.

Dans la partie gauche du cirque, où la muraille infé-

---

1. Le pic Néthou a 3404 mètres, le pic Posets a 3367 mètres.

rieure dégénère en un rude talus, on voit de légers zigzags le gravir : c'est le chemin du port.

«.... Nous approchions de cette rampe, dit Ramond, et depuis longtemps je considérais le glacier avec quelque souci. Plus de neige : sa surface était nue et n'offrait pas un point sur lequel le pied pût laisser son empreinte. Le milieu s'était excavé. Deux grandes crevasses le parcouraient de haut en bas, et vers les deux tiers de sa hauteur je remarquai une dépression transversale qui augmentait considérablement l'inclinaison de la partie supérieure. Nous ne pûmes même l'aborder de front : il fallut le prendre de côté, et à la moindre inclinaison il était déjà dangereux. Les crampons n'y mordaient pas, et nos bâtons ferrés, appuyés de toutes nos forces, y laissaient à peine la trace de leur pointe. Au reste, nous étions munis de bons instruments pour fendre la glace, et dès lors on fut obligé de les mettre en œuvre. Mais le travail était des plus rudes, et nous n'avions pas seulement la liberté de le diriger à notre gré.

« Le glacier se creusait en gouttière : au milieu, on le voyait tout criblé de crevasses et de trous ; il fallait s'en éloigner, sans cependant se rapprocher des bords, qui se redressaient au voisinage des rochers ; nous étions donc réduits à gravir en ligne droite, entre les deux écueils que nous avions à éviter. C'était une échelle de glace à monter ; point de zigzags à tracer ; rien qui dissimulât l'inclinaison, et l'inclinaison augmentait sans cesse, comme le précipice s'approfondissait toujours.

« Nous marchâmes plus de deux heures dans cette position, et nous n'avions fait encore que le moins difficile. Nous approchions d'un renflement formé par le milieu du glacier. Nous ne savions comment le gravir.

Un guide proposa de le tourner en montant sur le bord
que nous avions soigneusement évité jusque-là.

« Il faut savoir ce que c'était que ce bord : c'était une
arête en tranchant de couteau, séparée du rocher par un
large intervalle qui s'ouvrait en entonnoir dans les cavités du glacier. Cette proposition qui, une heure plus
tôt, nous aurait paru dérisoire, était en ce moment la
seule qui nous offrît un moyen de sortir honorablement
de cette périlleuse aventure.

« Une douzaine de degrés que nous taillâmes presque à pic nous portèrent vers ce bord, qu'il fallut écrê-
ter avant d'y poser le pied, et sonder à grands coups
pour s'assurer qu'il était capable de nous porter. En
sondant et en écrêtant toujours, nous réussîmes à faire
treize pas en vingt minutes, montant en équilibre sur
une ligne glissante, le précipice derrière et des deux
côtés. Une pareille position, et surtout une pareille lenteur, étaient bien propres à refroidir le courage. Cependant, après ces treize pas, il fallut s'arrêter et délibérer
encore.

« Durant cette inaction, qui devenait d'autant plus
pénible qu'elle se prolongeait davantage, je voyais vol-
tiger de rochers en rochers le grimpereau de muraille
que Saussure a vu de même aux approches du Mont-
Blanc; je le rencontrais toujours sur le penchant des
précipices, et il me rappelait tous ceux que j'ai vus. La
mouche apiforme vint se poser auprès de moi, et net-
toyer ses petites ailes, dont nous étions réduits à envier
la puissance. Trois autres insectes vulgaires, la punaise
équestre, la forficule commune, et le huitième bupreste
de Geoffroy, rampaient sur la glace, où ils étaient moins
déplacés que nous.

« Profonde obscurité des causes finales! désolante

Le Mont Perdu.

disproportion des facultés et des moyens! L'homme mesure les cieux, et il est attaché à la terre; il pèse l'air
où l'aigle se balance : l'aérostat y crève et précipite
l'observateur; un frêle insecte se joue ici, et moi j'y
rampe!... Je fus tiré de cette désagréable rêverie par
un accident plus désagréable encore.

« Le guide novice que nous avions amené de Baré-
ges déclara que la tête lui tournait, et qu'il était au mo
ment de se précipiter. Il se trouvait sur le devant : il
fallut le mettre entre nous, et l'on comprend ce que
cette opération avait de dangereux et de difficile sur
une ligne sans largeur, et qui était exactement la ligne
géométrique.

« Cependant à chaque instant cette crête nous exposait à de nouveaux hasards. Deux fois nous fûmes arrê-
tés par des saillies de rochers qui se projetaient en
avant et nous barraient le chemin. On ne pouvait ni
monter ni descendre; il fallait se plier autour de ces
saillies, au risque de perdre l'équilibre et de se précipiter. Bientôt il fut tout à fait impossible de passer outre,
et nous n'eûmes plus d'autre refuge que ces mêmes rochers qui, pour la première fois, avaient paru inaccessibles. Ils sont, il est vrai, taillés en degrés par les coupes
croisées des couches et des tranches; mais pour concevoir la disposition de ces degrés, qu'on se figure d'abord
une rampe d'escalier, dont les marches seraient presque toujours plus hautes que larges, et qu'on aurait
redressée, de façon que l'angle d'inclinaison eût aug-
menté d'un tiers; qu'on ajoute ensuite à cette idée celle
de toutes les irrégularités et de toutes les dégradations
que peut occasionner un pareil redressement dans une
pareille structure; l'incertitude où nous étions de ce que
nous trouverions plus haut ; et l'on jugera de quel œil

nous regardions la dernière ressource qui nous restait. Ce fut là pourtant qu'il fallut se hisser de gradins en gradins. Le premier y était poussé par le second, et, une fois accroché, il lui prêtait la main à son tour.

« Les risques étaient au moins égaux, si même le désavantage n'était pas du côté des derniers. Ceux qui gravissaient en avant ne pouvaient faire un faux pas qui ne compromît le reste de la troupe, ni ébranler un quartier de terre qui ne volât sur la tête des autres. Je fus moi-même blessé assez grièvement par un de ces débris contre lequel je ne pus que me roidir, puisque ma position ne me permettait pas de l'éviter. Cette dernière escalade dura plus d'une heure, et ce que nous courûmes de dangers dans ce voyage apprendra à quiconque voudra aborder le Mont-Perdu par cette route qu'elle n'est praticable qu'au gros de l'été, et tandis que les glaciers sont encore couverts de neige. Un mois auparavant, nous n'avions pas employé deux heures à la monter, et ce n'avait été qu'un jeu pour ceux qui avaient la moindre expérience des montagnes. Aujourd'hui elle en exigea cinq, et dans ces cinq heures, pas une minute où nous n'eussions couru risque de la vie.

« Nous approchions enfin du sommet de la crête; il ne restait plus qu'un petit nombre de degrés à monter, et le redressement des couches en adoucissait déjà la pente. Je regardai mes compagnons, aucun n'avait donné signe de crainte, mais aucun ne donnait de signes de joie. Une sorte de tristesse, produite par une longue anxiété, laissait à peine apercevoir ce que la vue du Mont-Perdu nous préparait de dédommagements. Après tant de plans inclinés, de rochers droits, de glaces si perfides, nous ne sentions d'autre besoin que celui d'un peu de terrain plat, où le pied pût se reposer sans délibération; mais ce terrain, nous ne le touchions pas encore, que déjà la scène changea et que tout fut oublié. Du haut de ces rochers, nous considérions avec une muette surprise le majestueux spectacle qui nous attendait au passage de la brèche. Nous ne le connaissions pas; nous ne l'avions jamais vu; nous n'avions nulle idée de l'éclat incomparable qu'il recevait d'un beau jour. La première fois, ce rideau n'avait été que soulevé : le crêpe suspendu aux cimes répandait le deuil sur les objets mêmes qu'il ne couvrait pas. Aujourd'hui, rien de voilé; rien que le soleil n'éclairât de sa lumière la plus vive : un lac complétement dégelé réfléchissait un ciel tout d'azur; les glaciers étincelaient, et la cime du Mont-Perdu, toute resplendissante de célestes clartés, semblait ne plus appartenir à la terre. En vain j'essayerais de peindre la magique apparence de ce tableau : le dessin et la teinte sont également étrangers à tout ce qui frappe habituellement nos regards. En vain je tenterais de décrire ce que son apparition a d'inopiné, d'étonnant, de fantastique, au moment où le rideau s'abaisse, où la porte s'ouvre, où l'on touche enfin le seuil du gigantesque édifice. Les mots se traînent loin d'une sensation plus rapide que la pensée; on n'en croit pas ses yeux; on cherche autour de soi un appui, des comparaisons : tout s'y refuse à la fois; un monde finit, un autre commence : un monde régi par les lois d'une autre existence. Quel repos dans cette vaste enceinte, où les siècles passent d'un pied plus léger qu'ici-bas les années! Quel silence sur ces hauteurs, où un son, quel qu'il soit, est la redoutable annonce d'un grand et rare phénomène! Quel calme dans l'air et quelle sérénité dans le ciel! Tout était d'accord, l'air, le ciel, la terre et les eaux, tout semblait se recueillir en présence du soleil, et recevoir son regard dans un immobile respect.

« En comparant l'imposante symétrie du cirque au désordre hideux qu'il offrait lorsqu'une brume épaisse se traînait autour de ses degrés, nous reconnaissions à peine les lieux que nous avions parcourus. Ce n'était plus la lourde masse du cylindre qui fixait exclusivement les regards. La transparence de l'air rectifiait les apparences qu'avait brouillées l'interposition de la nue; la cime principale était rentrée dans ses droits; elle ramenait à l'unité toutes les parties de cet immense chaos; jamais rien de pareil ne s'était offert à mes yeux. J'ai vu les Hautes-Alpes; je les ai vues dans ma première jeunesse, à cet âge où l'on voit tout plus beau et plus grand que la nature; mais ce que je n'ai pas vu, c'est la livrée des sommets les plus élevés revêtue par une montagne secondaire. Ces formes simples et graves, ces coupes nettes et hardies, ces rochers si entiers et si sains, dont les larges assises s'alignent en murailles, se courbent en amphithéâtres, se façonnent en gradins, s'élancent en tours, où la main des géants semble avoir appliqué l'aplomb et le cordeau : voilà ce que personne n'a rencontré au séjour des glaces éternelles; voilà ce qu'on chercherait en vain dans les montagnes primitives, dont les flancs déchirés s'allongent en pointes aiguës et dont la base se cache sous des monceaux de débris. Quiconque s'est rassasié de toutes les horreurs trouvera encore ici des aspects étranges et nouveaux; du Mont-Blanc même il faut venir au Mont-Perdu.

«.... C'est à l'occident du col de Niscle que se montrent les premiers étages du Mont-Perdu, et ils s'annoncent tout à coup avec une fierté qui prépare dignement aux avenues de sa cime. Quatre ou cinq terrasses empilées les unes sur les autres forment autant de degrés, dont les marches sont comblées en partie ou de neige ou de débris, qui facilitent un peu l'accès de ses murailles, autrement inaccessibles. Les premiers de ces débris sont d'assez gros blocs. Ils paraissent appartenir au prolongement de la couche parasite qui couronne la montagne de Niscle.

« Nous employâmes près d'une heure à traverser ces débris, et cette partie du voyage nous excéda de fatigue, par l'effort qu'il fallait faire tant pour gravir des pentes fort inclinées que pour lutter contre la tendance qui entraîne incessamment ce terrain mobile vers le précipice. Enfin, nous parvînmes à la terrasse supérieure, et nous nous trouvâmes sur une bande de rochers qui forme d'abord une étroite arête, mais qui, s'élargissant peu à peu, conduit commodément et de plain-pied à une espèce de vallon où commencent les glaciers dont le pic est entouré. Bientôt après nous étions sur le pic, dont le sol vers le sud était à découvert : ce qui résulte moins de l'action de la chaleur que de l'extrême roideur de l'escarpement, les neiges ne pouvant s'y soutenir ; elles tombent continuellement du haut de la montagne sur un talus situé à 600 ou 700 mètres au-dessous, et elles forment un glacier assez considérable pour résister à la chaleur directe et réverbérée à laquelle cette situation l'expose.

« Au nord s'élèvent les montagnes primitives qui constituent l'âge de la chaîne. Leurs cimes aiguës et déchirées s'enchaînent étroitement, et forment une bande de plus de quatre myriamètres d'épaisseur transversale, dont l'élévation intercepte totalement la vue des plaines de France. Telle est de ce côté l'insensible progression des abaissements, que cette large bande se compose de sept à huit rangs de hauteur graduellement décroissante, et que le pic du Midi de Bagnères, qui se trouve au dernier rang visible, n'est encore qu'à 500 mètres au-dessous du Mont-Perdu.

« Au sud, le spectacle est bien différent. Tout s'abaisse tout d'un coup et à la fois. C'est un précipice de 1000 à 1100 mètres, dont le fond est le sommet des plus hautes montagnes de cette partie de l'Espagne. Aucune n'atteint à 2500 mètres d'élévation absolue ; elles dégénèrent bientôt en collines basses et arrondies, au delà desquelles s'ouvre l'immense perspective des plaines de l'Aragon. »

(Extrait de RAMOND, Voyages et observations faites
dans les Pyrénées.)

FORMATION DES PYRÉNÉES.

« La géologie est une noble science. Sur cette cime les théories s'animent, les raisonnements des livres ressuscitent l'histoire des montagnes, et le passé paraît encore plus grandiose que le présent. Ce pays était une mer, d'abord bouillante et déserte, puis lentement refroidie, enfin peuplée d'êtres vivants et exhaussée par leurs débris. Ainsi se formèrent les calcaires anciens, les schistes de transition et plusieurs des terrains secondaires. Que de milliers de siècles accumulés en une seule phase ! Le temps est une solitude où nous posons çà et là des bornes ; elles révèlent son immensité, mais ne la mesurent pas.

« Cette croûte se fendit, et une longue vague de granit fondu s'éleva, formant la haute chaîne du Gave, des

Nestes, de la Garonne, la Maladetta, Néouvielle. Ce que ce mur de feu fit en se dressant dans cette mer bouleversée, l'imagination de l'homme ne le concevra jamais. La masse liquide de granit s'empâta dans les rochers ; les couches les plus basses se changèrent en ardoise, sous la tempête embrasée ; les terrains plats se redressèrent et se renversèrent. La coulée souterraine monta d'un effort si brusque qu'ils se collèrent à ses flancs en étages presque perpendiculaires : « Elle se figea dans la tourmente, et son agitation se peint encore dans ses ondes pétrifiées. »

« Combien de temps s'écoula entre cette révolution et la suivante ? Les monuments manquent, les siècles n'ont pas laissé de traces. C'est une page arrachée dans l'histoire de la terre. Notre ignorance nous accable comme notre science. Nous voyons un infini, et nous en devinons un autre que nous ne voyons pas.

« Enfin l'Océan se déplaça, peut-être par le soulèvement de l'Amérique ; du sud-ouest une mer vint s'abattre sur la chaîne. Le choc tomba sur la barrière noire crénelée, qu'on aperçoit vers Gavarnie. Ce fut une destruction épouvantable d'animaux marins. Leurs cadavres ont formé des bancs coquilliers, qu'on traverse en montant à la Brèche ; plusieurs couches de la Brèche, du Taillon et du Mont-Perdu, sont des champs de mort encore fétides. La mer roulante, arrachant son lit, le charria contre les flancs, l'entassa sur les cimes, mit une montagne sur la montagne, couvrit l'immense écueil, et oscilla en courants furieux dans son bassin dévasté. Il me semblait voir à l'horizon la nappe limoneuse arriver plus haute que les cimes, dresser ses flots sur le ciel, tourbillonner dans les vallées, et par-dessus les montagnes noyées, mugir comme une tempête.

« Cette mer apportait la moitié des Pyrénées ; ses eaux violentes appliquèrent contre le versant primitif des étages calcaires inclinés et tourmentés ; ses eaux apaisées déposèrent sur eux les hautes couches horizontales. Là-bas, au sud-ouest, le Vignemale en est couvert. Des générations d'êtres marins naissaient et mouraient pour élever les sommets, populations silencieuses et inertes qui pullulaient dans le limon tiède et regardaient à travers leurs vagues vertes les rayons du soleil bleui. Ils ont péri avec leur sépulcre. Les orages ont déchiré les bancs où ils s'enfouissaient, et ces lambeaux de leurs débris disent à peine combien ce monde enseveli a vu passer de myriades de siècles.

« Un jour enfin on vit grandir les grands monts qui forment l'horizon du sud, Troumousse, le Vignemale, le Mont-Perdu, et tous les sommets qui entourent Gèdres. Le sol avait crevé une seconde fois. Une ondée de nouveau granit s'élevait, chargée du granit ancien et de la prodigieuse masse des calcaires ; les alluvions montèrent à plus de dix mille pieds ; les anciennes cimes de granit pur étaient dépassées ; les bancs de coquilles furent soulevés dans les nuages, et les cimes exhaussées se trouvèrent pour toujours au-dessus des mers.

« Deux mers ont séjourné sur ces sommets ; deux coulées de roches embrasées ont dressé ces chaînes. Quelle sera la révolution prochaine ? Combien de temps l'homme durera-t-il encore ? Un retrait de la croûte qui le porte fera jaillir une vague de lave, ou déplacera le niveau des mers. Nous vivons entre deux accidents du sol ; notre histoire tient au large dans une ligne de l'histoire de la terre ; notre vie dépend d'une variation de la chaleur ; notre durée est une minute et notre force un néant. Nous ressemblons à ces petits myosotis bleus

qu'on cueille en descendant sur la côte; leur forme est
délicate et leur structure admirable; la nature les pro-
digue et les brise; elle met toute son industrie à les
former et toute son insouciance à les détruire. Il y a
plus d'art en eux que dans toute la montagne. Sont-ils
fondés à prétendre que la montagne est faite pour eux?»

(TAINE, Voyage aux Pyrénées.)

III

CHAINES DE L'ASIE CENTRALE

LE PLATEAU DE PAMIR.

A l'angle d'intersection de la double chaîne des
Kouenluns et de Karakorum avec la chaîne méridienne
des Bolors, s'étend le plateau de Pamir, que les Kirghiz
nomment le *Toit du monde.* « Là, » dit le grand voyageur Marco-Polo, qui en a parlé le premier, « se trouve
« une plaine, où il y a un fleuve moult bel et la meil-
« leure pasture du monde; car une maigre jument y
« deviendroit bien grasse en dix jours. On y chevauche
« toujours montant pendant douze journées, durant
« lesquelles on ne rencontre nulle habitation ni nul
« herbage, fors le désert.

« Nul oiseau volant n'y a, pour le haut lieu et froid
« qui y est. Et si vous di que le feu, pour cel grant
« froit, n'y est pas si cler, ne de tel chaleur comme en
« autre lieu, ne si peuent pas si bien cuire les viandes.»

Ce plateau, qui garde dans son nom mythique les traces des plus anciennes croyances [1], n'est pas le plus *haut lieu du globe*, comme le croyait le voyageur vénitien ; mais on n'a pas encore découvert de plateau auss élevé. C'est non-seulement le point central et irradiant dans le système hydrogéographique de l'Asie centrale, mais le nœud d'où sortent les principales chaînes de montagnes de cette région. Le capitaine anglais Wood, qui seul depuis Marco-Polo, a visité cette grande intumescence de notre planète, rend compte en ces termes de son ascension :

« Après avoir quitté la surface gelée et couverte de neige du fleuve Oxus, nous marchâmes environ une heure le long de sa rive droite, et ensuite nous gravîmes une colline peu élevée, qui semblait en apparence limiter la vallée du côté de l'est. Arrivés à son sommet à cinq heures après midi, le 19 février 1838, nous nous trouvâmes, pour employer une expression du pays, sur le *Bam-i-doûniab,* ou « Cime du monde, » tandis que devant nous s'étendait une grande et belle nappe d'eau glacée, de l'extrémité occidentale de laquelle sortait la rivière naissante de l'Oxus. Ce beau lac a la forme d'un croissant, ayant environ quatorze milles de longueur de l'est à l'ouest, sur une largeur moyenne d'environ un mille. Sur trois côtés il est environné de collines s'élevant à une hauteur d'environ 500 pieds, tandis que, du côté du sud, ce sont des montagnes de 3500 pieds au-dessus du niveau du lac, ou de 19000 (5800^m) au-dessus du niveau de la mer, et couvertes d'une neige perpétuelle, qui est la source intarissable du lac. D'après

---

1. Selon E. Burnouf la dénomination de Pamir dériverait du sanskrit *Upa-Meru,* montagne au-dessus du Méru.

des observations faites à l'extrémité occidentale, je trouvai que la latitude, d'après la hauteur méridienne du soleil, était de 37° 27′ N., et la longitude E. de 73° 40′ (71° 20′ du méridien de Paris). Son élévation, mesurée par la température de l'eau bouillante, est 4764 mètres ; la température de l'eau sous la glace était à zéro — point de congélation.

« C'est donc là que se trouve la situation des sources de la célèbre rivière, laquelle, après une course d'environ mille milles (1600 kilomètres) dans une direction généralement nord-ouest, tombe dans l'extrémité méridionale du lac d'Aral. Nos guides donnaient au lac d'où sort l'Oxus le nom de *Sir-i-kol*.

« Les collines et les montagnes qui entourent le *Sir-i-kol* donnent naissance à quelques-unes des principales rivières de l'Asie. De la crête de leur extrémité orientale s'écoule une branche de la rivière de Yarkand, l'un des plus larges cours d'eau qui arrosent la Chine centrale, tandis que des monts moins élevés, du côté du nord, s'échappe le Syr, ou rivière de Kokand, et que de la chaîne neigeuse opposée, s'alimentent les deux bras de l'Oxus.

« L'aspect du paysage présentait l'image d'un hiver dans toute sa rigueur. Partout où le regard se portait, une couche éblouissante de neige couvrait le sol comme d'un tapis, tandis que le ciel au-dessus de nos têtes était partout d'une couleur sombre et désolante. Des nuages eussent reposé les yeux ; mais il n'y en avait nulle part. Pas un souffle ne s'agitait sur la surface du lac ; pas un animal vivant, pas même un oiseau, ne se montrait à la vue. Le son d'une voix humaine eût été une musique harmonieuse à l'oreille ; mais aucune, en cette saison inhospitalière, ne s'aventurait dans ces domaines glacés. Le silence régnait tout autour de nous, — silence si profond qu'il oppressait le cœur. Et comme je contemplais les blancs sommets des montagnes éternelles, où aucun pied humain ne s'était jamais posé, et où demeuraient entassées les neiges accumulées des siècles, ma chère patrie et tous les bonheurs sociaux qu'elle renferme, se présentèrent à ma pensée avec une vivacité de souvenirs que je n'avais jamais éprouvée auparavant.

« Pendant l'été, le pays n'offre pas cet aspect désolé. A la fin de juin, la neige des collines qui environnent le lac est fondue. On ne peut imaginer un lieu mieux adapté aux besoins d'une population pastorale; et les tribus qui le fréquentent semblent en apprécier pleinement les avantages, puisqu'elles ne se lassent jamais de s'y rendre. *L'herbe de Pamir*, vous disent-ils, *est si nourrissante, qu'un cheval exténué de besoins s'y rétablirait complétement en peu de jours.* C'est ce que dit Marc Pol, presque dans les mêmes termes[1]. »

L'HIMALAYA.

Au point où le 25° de latitude croise le 85ᵉ méridien à l'est de Paris, le Gange qui depuis Allahabad n'a cessé de couler droit à l'orient, plonge brusquement au sud, le long de la base des monts Rajmahâls. Dans l'angle le plus saillant du coude ainsi décrit par le fleuve, quelques éminences coniques, détachées des derniers gradins de ces montagnes, forment autant de belvédères,

---

1 Cet extrait, dû à l'obligeance de notre savant ami M. Pauthier, fait partie d'une édition nouvelle de Marco-Polo, qui est à la veille d'être publiée par ses soins.

Le Kaurisankar.

dominant un des plus grands panoramas que puisse embrasser le regard d'un humble mortel. Au sud, la ligne de l'horizon s'infléchit le long de terrasses boisées et des gorges ombreuses des monts Rajmahâls, laissant entre elle et le premier plan un vaste espace diapré des mille teintes qui résultent du mélange et des oppositions des fraîches cultures de l'indigo, du pavot et du riz, avec de longs sillons de maïs et de sorgho au feuillage rubané, avec de longues avenues de palmiers conduisant aux rustiques hameaux cachés sous d'épais massifs de mangotiers et de tamarins; tandis que du côté nord, directement à l'opposite, la rivière Cosi précipite dans le Gange l'énorme volume d'eau qu'elle a puisé à tous les glaciers de l'Himalaya compris entre le centre du Népaul dominé par le Kaurisankar, la plus haute cime mesurée du globe, et le Kinchinjunga du Sikkim, qui, pour n'occuper que le troisième rang parmi les sommités de ces régions, s'élève cependant à un niveau que n'atteindrait pas le plus haut pic des Pyrénées échafaudé sur le point culminant des Alpes [1] !

Immédiatement avant et après la saison des pluies, on peut facilement, en remontant du regard le large et profond sillon d'argent écumeux qu'ouvre le cours de la Cosi dans la verdure intense des plaines du haut Bengale, apercevoir à soixante-dix, quatre-vingts et cent lieues de distance, les masses blanchâtres de ces pics géants et des chaînes neigeuses qui les unissent, se détachant sur le bleu foncé de l'horizon du nord.

Tout au pied de ce mur colossal qui semble séparer deux mondes, s'étend une longue bande noire et régu-

---

1. Altitude du Kaurisankar, 8840 mètres : du Dapsang (dans le Karakorum), 8624 : du Kinchinjunga, 8588.

lière qu'on dirait avoir été tracée sur le sol par une main fantastique ; c'est le Teray, ou zone boisée qui longe le pied des montagnes d'une extrémité à l'autre de l'Inde, depuis le Satledje jusqu'au Brahmapoutra. Ce mot de Teray est persan et signifie *brouillard, vapeur nuisible ;* le sol auquel il est appliqué appartient politiquement aux hautes provinces qu'il longe ; géographiquement, il fait partie des plaines de l'Inde. Sous le rapport géologique, c'est une sorte de terrain neutre qui n'est composé ni des alluvions de la plaine ni des roches des montagnes, mais qui offre généralement à l'étude une suite d'assises de sable, de gravier et de cailloux roulés et arrondis par les eaux ; le tout déposé en lits réguliers par la double action des courants des montagnes et des marées de l'Océan, aux jours où celui-ci baignait la base du grand massif asiatique et lavait de ses flots, rongeait de ses glaçons les longues et sinueuses vallées de l'Himalaya.

Au commencement et à la fin de la saison des pluies, les exhalaisons de la terre recouvrent d'une brume blanche les épais halliers de cette zone et en font un séjour de mort, que les animaux mêmes, sans exception, abandonnent vers la mi-avril pour n'y reparaître qu'en octobre. Les tigres et les éléphants gagnent la montagne ; les singes, les antilopes et les sangliers se jettent dans la plaine cultivée ; et les êtres humains qui, tels que les courriers et les militaires, sont quelquefois obligés de traverser la forêt pendant la mauvaise saison, s'accordent à dire que rien, pas même le cri d'un oiseau, ne trouble l'affreux silence de cette immense solitude, abandonnée à la *malaria.*

On peut considérer en quelque sorte le Teray comme le fossé de l'enceinte formidable que l'Himalaya décrit autour de la partie méridionale de l'Asie centrale, enceinte dont l'escarpe, haute de 6000 mètres en moyenne, porte des bastions qui s'élèvent à plus de 8000, et n'offre qu'un mur continu et sans brèches apparentes, sur une ligne de plus de 2000 kilomètres. La seule passe praticable pour les touristes, dans cet escarpement immense, est celle qu'y a pratiquée le Satledje. Issu des *lacs sacrés* ou de leur voisinage immédiat, ce fleuve coule de l'est à l'ouest pendant soixante-dix ou quatre-vingts lieues, au nord de la chaîne couverte de neiges éternelles, dont les flancs méridionaux donnent naissance au Gange et à ses affluents. Il se précipite ensuite du nord au sud de l'Himalaya par une énorme échancrure de ces montagnes, la seule qui rompe la continuité de leur ligne de sommets, qui partout ailleurs n'est déprimée que par des cols étroits, élevés de plus de 4000 mètres, tandis que le profond défilé par où débouche le Satledje est creusé à moins de 1000 mètres au-dessus du niveau de la mer. Entre les hautes et noires parois de ce passage, ce fleuve n'a guère que 50 mètres de largeur ; mais sa grande profondeur et sa pente rapide, évaluée à 32 mètres par lieue, en font déjà un puissant cours d'eau, et l'on comprend très-bien qu'il ait pris rang jadis parmi les cours d'eau divinisés de la mythologie sanscrite, où il portait le nom de Satadrou.

En remontant ses rives escarpées, on pénètre dans le Kanawer, province anglaise, comprise entre le Thibet chinois et les domaines du rajah de Ladak. C'est une région de vallées mystérieuses, où, dans l'oubli du reste du monde, on chemine sous d'épais berceaux de vignes, se reposant sur l'herbe fraîche et odoriférante, à l'ombre de chênes séculaires, au murmure de sources limpides et de cascades écumeuses.

Des yacks, ou vaches thibétaines à la queue touffue, et des chèvres au poil soyeux, broutent disséminées dans des pâturages d'un vert d'émeraude. Dans tous les villages, entourés de frais et riants vergers, où dominent l'abricotïer et le noyer, de paisibles paysans accueillent le voyageur avec d'énormes paniers de raisins délicieux et d'amandes du pin néoza, qui ont la taille et la saveur de la pistache. Les demeures de ces bonnes gens, cachées à demi sous les pampres, rappellent parfaitement les chalets de la Suisse et du Tyrol par leur aire carrée, leurs murs de pierres et de poutres alternativement superposées, leurs étages nombreux et peu élevés, leur toit débordant de beaucoup les pignons, et, enfin, par le balcon fermé qui entoure souvent l'étage supérieur. Il n'y a, peut-être, aucun village en France qui ait aussi bonne apparence que quelques-uns de ces pauvres mais pittoresques hameaux kanaouriens.

La viabilité seule de ce pays laisse beaucoup à désirer, et quand il faut traverser le Satledje, fleuve qui se précipite en plusieurs endroits entre deux murailles à pic de plusieurs centaines de mètres d'escarpement, c'est au moyen d'un procédé peu rassurant pour un Européen. Un djalou ou câble est tendu d'un de ces murs à l'autre. Une pièce de bois en forme d'anneau est passée autour de ce câble; les voyageurs y suspendent leur bagage et s'y attachent eux-mêmes : on les tire du bord opposé pour les y amener. Si le câble rompt, ils sont perdus sans ressource. Du reste, on est entraîné si rapidement au travers de cet abîme, que l'on a à peine le temps de regarder le torrent furieux qui mugit et bouillonne tout au fond.

C'est ainsi que l'on atteint Tchini, qui fut, jusqu'au moment où l'héritage de Runjeet-Singh échut à l'Angleterre, la dernière station, l'*ultima Thule*, ouverte dans la direction du nord-ouest aux visites estivales de ceux des touristes de l'Inde qui trouvaient les stations au sud des montagnes déjà trop peuplées, trop civilisées pour leur spleen errant, ou d'une température trop tiède encore pour leur santé, délabrée par le climat et la vie de la plaine.

Situé sur la rive droite du Satledje qu'il domine de 600 mètres, et à 2600 mètres au-dessus du niveau de la mer, Tchini a déjà un commencement de physionomie chinoise; à voir, sur les pentes escarpées des montagnes voisines, des pâtres des deux sexes, couverts d'ornements barbares comme les schamans de la Sibérie et conduisant aux pâturages des troupeaux de chèvres thibétaines dont chacune est harnachée et chargée de quelque léger bagage, on se croirait déjà en pleine Mongolie.

Sous tous les rapports, c'est un site admirablement choisi pour un *sanitarium* ou une villa d'été, et l'un des derniers gouverneurs de l'Inde y venait chaque année, pendant une semaine ou deux, demander à son atmosphère alpestre un peu du repos, du calme et de l'air vivifiant que lui refusaient ses palais de Calcutta.

En face du pavillon que s'était fait élever lord Dalhousie, la chaîne méridionale de l'Himalaya dessine sur un ciel d'un azur intense ses cimes inaccessibles. Au-dessous de la zone de ses neiges, dont la transparence de l'atmosphère fait admirablement ressortir la blancheur, contraste le noir verdâtre des forêts de cèdres, tandis que des vapeurs laiteuses et bleuâtres montant du sein de la ravine où le Satledje roule à une profondeur immense, en indiquent seules le cours inaperçu et viennent baigner les premiers plans de ce paysage dont la grandeur et la beauté expliquent suffisamment la réputation de *scenery* dont Tchini jouit aujourd'hui dans tout l'Industan.

(Extrait de l'Inde contemporaine.)

Au delà de cette localité favorisée, la vallée du Sat-ledje se resserre et, à l'exception des vallons latéraux qui débouchent sur elle, présente désormais une scène sauvage d'aridité. Le sol de toute la contrée monte si rapidement vers le Thibet et vers Ladak et parvient à un niveau moyen si élevé, que le fond des vallées excède la ligne où s'arrêtent les forêts sur les pentes méridionales de la grande chaîne de l'Inde. La végétation, réduite à quelques arbrisseaux rampants, épineux, rabougris, et à quelques herbes rares et desséchées, forme çà et là des taches noirâtres au bord des torrents ; les pentes des montagnes ne sont couvertes que de débris de leurs roches éboulées. L'horizon immense n'offre qu'une scène uniforme de stérilité et de mort, qui se termine de toutes parts à des cimes neigeuses.

Le climat de ces régions est d'une constitution si étrange, la sécheresse de son atmosphère est telle, que la ligne des neiges éternelles, qui descend à moins de 4000 mètres sur le versant indou de l'Himalaya, remonte à plus de 6000 mètres le long des chaînes thibétaines. Ce qu'il y a de grand dans ces montagnes, ce qu'il y a d'imposant, c'est moins leur hauteur apparente que l'espace qu'elles occupent. Voilà ce dont les Alpes ne peuvent donner aucune idée. Le diamètre de bande occupée par leurs cimes est comparativement fort étroit ; leurs vallées sont si ouvertes que les regards s'y promènent comme dans des plaines. Dans l'Himalaya, au contraire, c'est toujours à des sommets que la

vue s'arrête, et, quand on s'élève davantage, on ne fait
que découvrir des cimes nouvelles, plus éloignées. C'est
un labyrinthe sans fin de pics noirs, d'abîmes béants,
de neiges éternelles, entre-croisés de mille façons.

Ici, ce sont des croupes isolées et droites que ne sil-
lonne aucune ravine; on dirait des tronçons de prismes
triangulaires posés sur une de leurs faces. Là, ces
croupes, également isolées, sont arquées ou coudées.
Ailleurs, ce sont des pyramides entassées les unes sur
les autres, et qui projettent dans toutes les directions
des arêtes qui se rencontrent avec d'autres arêtes des-
cendues de massifs semblables. Au lieu de leur jonction, quelquefois elles se relèvent, d'autres fois elles
s'abaissent brusquement pour former un col étroit. Les
eaux suivent les routes tortueuses et divergentes que le
caprice de la direction des montagnes leur impose, et,
avant d'arriver des neiges de l'Himalaya à l'entrée des
plaines de l'Indoustan, il est peu de torrents qui n'aient
coulé vers tous les points du compas.

Je me suis assez avancé vers le nord pour laisser
derrière moi à une assez grande distance la chaîne neigée de l'Himalaya indou, et cependant le pays s'élevait
sans cesse au devant. J'ai pu consulter des pèlerins qui
revenaient du lac Mansarover, des marchands qui
avaient voyagé jusqu'à trois mois de marche au nord et
à l'est de Tchini. Leurs rapports concordent trop pour
ne pas être très-exacts. Tous représentent les contrées
qu'ils ont parcourues dans ces directions comme assez
semblables à celles que je viens de décrire ; c'est-à-dire
hérissées de montagnes entassées sans ordre, ramifiées
au hasard ou s'allongeant en chaînes entre-croisées.
L'Himalaya, dont les neiges éternelles forment, pour
toutes les plaines du Gange, un spectacle si plein de

grandeur, n'est donc qu'une humble et modeste préface
des Alpes thibétaines.

(Victor Jacquemont, Journal.)

Vingt-cinq ans après le savant et brillant écrivain
auquel nous empruntons ces dernières lignes, des éru-
dits allemands et anglais, envoyés sur ses traces pour
reprendre et continuer son œuvre, ont pu, en pénétrant
plus avant qu'il ne lui avait été permis de le faire dans
le grand massif asiatique, reconnaître la justesse d'ap-
préciation et l'étendue de vue du Français qui les y
avait devancés. Les trois frères Schlagintweit, dont le
plus jeune est tombé, comme Jacquemont, martyr de
son ardeur scientifique, ont constaté que la hauteur
moyenne des cols ou passes, menant des plaines du
Gange au bassin déprimé et sans issue du Tarim-Gol,
varie de 5000 à 6200 mètres dans l'Himalaya, de 5600
à 5850 mètres sur la crête du Karakorum, et qu'elle ne
descend pas au-dessous de 5000 mètres sur celle des
Kouenluns. Enfin dans les deux premières de ces trois
chaînes parallèles et reliées entre elles par un lacis d'é-
perons saillants et de chaînons entrecroisés, ils ont signalé l'existence de non moins de *quarante-cinq* sommités plus élevées que la plus haute cime des Andes !

Durant l'exploration minutieuse qu'ils firent, en août
1855, des glaciers de l'Ibi-Gamin qui alimentent au
midi les sources du Gange, ils campèrent pendant dix
nuits sous la tente à des hauteurs allant de 5500 mètres
à 5900 mètres ; en une occasion, ils durent traverser un
col élevé de 6215 mètres, et le 19 août ils parvinrent
sur les flancs mêmes de l'Ibi-Gamin jusqu'à 6800
mètres, niveau le plus élevé qu'un homme ait jamais
atteint, si ce n'est peut-être en ballon. Là ils dépas-

saient de plus de 250 mètres la cime du Chimborazo,
regardée jusqu'en 1820 comme le point culminant de
notre planète.

Dans cet ordre d'idée et dans ces proportions, les
chiffres ont de la poésie, la métrologie a de l'éloquence.

LE KINCHINJUNGA.

Le district de Sikkim, qui s'étage à la base même du
Kinchinjunga, entre le Népaul, le Boutan et les plaines
du Bengale, forme une des plus belles parties de l'Himalaya proprement dit. On y trouve, en effet, réunis
dans un espace étroit, les phénomènes les plus grandioses et les oppositions les plus tranchées de la nature
des montagnes et de celle des régions tropicales; des
glaciers auxquels ceux de nos Alpes ne peuvent se comparer; des torrents, plus puissants que nos grands fleuves, se précipitant en cascades du haut d'inaccessibles
falaises, à travers des bois de rhododendrons et de ma-
gnolias; des lacs d'azur, baignant de verts pâturages,
peuplés d'hémiones et de yacks sauvages, à une hauteur qui laisse au-dessous d'elle le niveau de toutes nos
Alpes; de sauvages ravins, comme Salvator Rosa lui-
même n'en a jamais rêvé; des vallons gracieux et fertiles
qui appellent l'idylle; des plateaux salubres où les ma-
lades du Bengale viennent aspirer la santé et la vie, et,
au milieu de tout cela, une population pastorale, celle
des Lepkas, montagnards vigoureux, doux et honnêtes,
comme étaient les Helvétiens avant d'être devenus *cice-
roni* et aubergistes spéculateurs.

Il y a là des points de vue sans pareils pour le charme
du paysage et pour le cadre de montagnes neigeuses

qui l'entoure. Il n'y en a point de plus grands dans l'Himalaya et peut-être dans le monde. Tel est entre autres celui dont on jouit du haut de la terrasse de la station sanitaire de Dorjiling élevée de 2100 mètres au-dessus du golfe de Bengale. Le Kinchinjunga, distant de 73 kilomètres, est le trait principal du tableau. Dominant le niveau déjà alpestre où se trouve le spectateur, de 6488 mètres, sa masse énorme semble reposer sur un onduleux océan de montagnes boisées, et l'œil qui suit sur ses flancs gigantesques la teinte de ses neiges éternelles peut immédiatement plonger, sous l'horizon, dans un gouffre étroit et béant, où à 7000 pieds de profondeur le grand torrent Runjeit, tout blanc d'écume, trace un sillon d'argent à travers une forêt tropicale.

« La plume la plus éloquente, » dit le botaniste J. Hocker, « le pinceau le plus habile sont également impuissants à placer sous les yeux les formes et les couleurs de ces monts neigeux, ou à réveiller dans l'imagination les sensations et les pensées qui l'enchaînent tout entière à ces sublimes phénomènes quand ils se développent dans leur réalité. Rien ne peut rendre la précision et la netteté de leurs lignes, et encore moins les merveilleux effets des couleurs jouant sur les pentes de neiges, les faisceaux lumineux formés par les combinaisons de l'orange, de l'or et de l'incarnat, les nuages illuminés par le coucher ou le lever du soleil, et enfin la teinte fantastique qui enveloppe le tout au moment du crépuscule, alors que dans les couches atmosphériques le rouge fait place au vert, sa couleur complémentaire. Des aspects aussi fugitifs échappent à toute tentative de description; ils sont trop aériens pour être enchaînés à la mémoire; leurs contours, précis d'abord, finissent par

Le Kinchinjunga.

s'y atténuer, fondre et disparaître. Il n'en est pas de même du plaisir et de l'admiration qu'ils ont causés ; ces sentiments subsistent longtemps après que les hautes chaînes neigeuses et leurs sublimes sommets se sont évanouis sous l'horizon lointain. »

(Extrait de l'Inde co.itemporaine.)

RÔLE DES MONTAGNES DANS LA NATURE.

«... Déserts des montagnes, vous qui présidez, comme la mer, au partage des nations, vous qui avez aussi votre rôle dans la circulation continuelle des eaux, vous qui nous obligez aussi à nous humilier devant le spec- tacle imposant de vos grandeurs, combien votre ma- jesté est moins terrible, et combien il est doux à l'homme fatigué de reposer sur vous ses regards! Vous pénétrez les âmes par les secrètes influences d'une terre splendide et qui se métamorphose à chaque pas ; vous vivifiez et vous calmez ; vous êtes les jardins de la terre. De quelles pures et bienfaisantes jouissances ne formez- vous pas le principe? Quelles marques vives et élo- quentes ne donnez-vous pas de la petitesse de ces ido- les que le luxe met en honneur parmi les hommes, lorsque vous étalez devant eux l'immensité de vos per- spectives et les masses sévères de vos éternelles pyra- mides, et que l'on voit, du haut de vos sommets, les fu- mées des grandes villes s'élever çà et là du milieu des pro- vinces qui rampent à vos pieds. Quel architecte imiterait jamais votre magnificence, et où existerait-il des trésors qui pussent la payer! Tous les peuples se donnant ren- dez-vous au travail, ne bâtiraient seulement pas une tour, à la hauteur de la plus humble de vos cimes. Les nations antiques, vous mettant à part du reste du monde, vous considéraient comme la seule demeure digne des dieux; et il semble, en effet, que vos pics, à demi perdus dans les nuages, soient autant de signaux qui sortent de la terre pour enseigner aux hommes le chemin des cieux. Il n'y avait que la nature qui fût capable de rompre la monotonie de notre globe par des édifices tels que vous, et, sans nous demander aucun effort, elle nous a ouvert d'elle-même les portes de vos vallées comme si elle avait plaisir à appeler les hommes dans ces temples où elle leur apparaît avec tant de puissance et de beauté. Ainsi, dans mon admiration, il ne m'importe plus que ces crêtes sublimes soient d'infranchissables murailles, et je les range hardiment parmi les plus précieux des biens dont le genre humain est redevable à la magnificence du Créateur. »

(J. REYNAUD, Terre et Ciel.)

PHÉNOMÈNES VOLCANIQUES

I

LES ANDES

LE PICHINCHA — LES TREMBLEMENTS DE TERRE.

Depuis les promontoires méridionaux de la Terre de Feu, dont les flots de deux océans découpent et rongent incessamment les masses granitiques, jusqu'aux parages glacés où les dernières assises des montagnes Rocheuses plongent sous les flots de la mer Arctique, à l'occident du delta du Mackensie, la Cordillère des Andes se développe sur une ligne de près de 15,000 kilomètres. Élevée au-dessus d'une crevasse qui divise d'un pôle à l'autre la moitié de notre planète, elle dépasse en longueur l'espace qui, dans l'ancien continent, sépare le détroit de Gibraltar de celui de Behring, et forme ainsi non pas la plus haute, mais la plus longue de toutes les chaînes de montagnes. Inutile de dire qu'il est peu probable que cette masse énorme se soit soulevée tout d'un coup et tout entière à la fois. Des roches d'âges très-divers s'y trouvent superposées et ont pénétré à travers des voies ouvertes depuis longtemps. La différence qui existe entre elles tient au mode et au temps de leur soulèvement, à l'épanchement des matières éruptives, ainsi qu'au progrès lent et complexe de leur transformation au-dessus de crevasses remplies de vapeur et qui laissaient un libre passage aux brûlantes émanations du foyer central. Sur la ligne immense du soulèvement des Andes, on ne compte pas moins de cent quinze bouches ignivomes ou volcans par lesquels la fournaise intérieure communique, aujourd'hui encore, avec l'atmosphère de notre planète.

Lorsque la Cordillère se divise en plusieurs chaînons parallèles, ce sont les chaînons les plus voisins de la mer qui offrent les volcans les plus actifs; mais l'on a constaté aussi que lorsque l'action du feu souterrain se ralentit dans un chaînon, elle éclate aussitôt dans un autre, parallèle au premier. Généralement, les cratères d'éruption suivent la direction de la chaîne; cependant, sur le plateau du Mexique, les volcans en activité sont placés comme des cheminées immenses sur une crevasse transversale qui court de l'est à l'ouest, d'un océan à l'autre. Telle est aussi la disposition du Pichincha qui forme comme un long promontoire, détaché de l'énorme intumescence volcanique de Quito. Ce volcan, remarquable entre tous, s'étend comme un mur de trachyte noir, sur un espace de 15,000 mètres le long d'une faille pratiquée dans la partie de la Cordillère la plus voisine de la mer du Sud, et presque perpendiculairement à l'axe de cette chaîne. Sur la crête de cette muraille, se succèdent dans la direction du sud-ouest au nord-est trois coupoles posées comme des châteaux forts : le *Cuntur-Guachana*, le *Picacho de los Ladrillos* et le *Guagua-Pichincha*, c'est-à-dire le *fils du vieux*

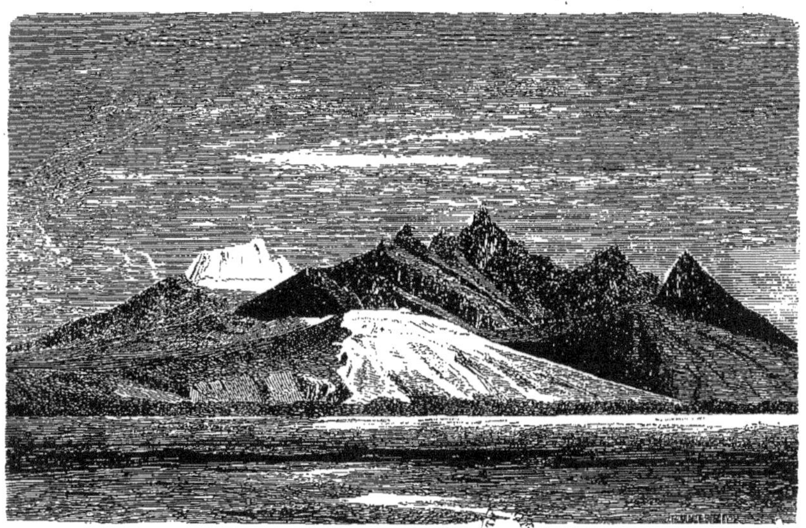

Vue du Pichincha.

volcan. Le Pichincha proprement dit a reçu des indigènes le surnom de *Rucu* (le père ou l'ancien). Seul des quatre sommets il dépasse la ligne des neiges éternelles. Son cratère ovale, entouré de trois rochers en forme de tours, a été comparé par la Condamine au chaos des poëtes. Cette bouche immense était alors remplie de neige: Alexandre de Humboldt, cinquante ans plus tard, la trouva embrasée.... « Dans le printemps de 1802, j'ai gravi, dit-il, accompagné d'un seul Indien, le plus oriental des trois rochers. Pour mieux examiner le gouffre béant, nous dûmes nous coucher sur le ventre, et je ne crois pas que l'imagination la plus féconde en rêves effrayants puisse concevoir quelque chose de plus sombre, de plus lugubre que ce que nous vîmes alors. Représentez-vous un puits circulaire, de près d'une lieue de tour, dont les parois, taillées à pic, ont leur margelle couverte de neige. L'intérieur est d'un noir intense. Mais le gouffre est si immense, que l'on y distingue le sommet de plusieurs montagnes s'élevant du sein de l'abîme à travers les ténèbres. Une soixantaine de fumerolles livides marquetaient leurs flancs, et leurs cimes, d'où jaillissaient des vapeurs sulfureuses, semblaient être à quatre ou cinq cents mètres au-dessous de nous. Jugez donc où doivent se trouver leurs bases!... Non, jamais la nature ne s'est offerte à moi sous un aspect aussi grandiose que sur les bords du cratère du Pichincha. »

La haute plaine de Quito, dont le Pichincha, le Cotopaxi et le Tunguragua forment les crêtes, n'est, nous l'avons dit, qu'un seul foyer volcanique. Le feu souterrain fait éruption tantôt par l'une, tantôt par l'autre, de ces ouvertures que d'habitude on considère comme des volcans distincts. Depuis trois siècles, la marche progressive de l'action plutonienne a pris dans cette contrée la direction du nord au sud. Les tremblements de terre qui causent de si terribles ravages attestent eux-mêmes l'existence de communications souterraines, non-seulement entre des régions sans volcans, mais entre des cratères fort éloignés les uns des autres.

Ainsi, en 1797, une haute colonne de fumée s'éleva sans interruption pendant trois mois, du volcan de Pasto, et disparut au moment même où, à plus de cent lieues de là le terrible tremblement, de terre de Riobamba, accompagné d'une éruption boueuse, dont la matière est connue sous le nom de *moya*, donna la mort à trente ou quarante mille Indiens.

Cette secousse du sol, une des plus formidables dont l'histoire physique de notre planète fasse mention, ne fut précédée, annoncée par aucun bruit souterrain. Seulement, quinze ou vingt minutes après la catastrophe, une immense détonation, désignée encore aujourd'hui par ces seuls mots: *el gran ruido* (la grande rumeur), courut sous le sol de Quito et d'Ibarra, mais ne fut entendue ni sur le théâtre du désastre, ni dans son voisinage immédiat.

En dehors de tout intérêt tragique, il se rattache à cet événement des faits qui méritent une attention particulière. Dans la plaine de Riobamba, des fissures s'ouvrirent et se refermèrent de telle façon, que des hommes purent se sauver en étendant les deux bras sur le sol oscillant. Des troupes de cavaliers ou des mulets chargés disparurent dans des crevasses subitement ouvertes sur leurs pas, tandis que d'autres échappaient au danger en se rejetant en arrière. La surface du terrain fut successivement exhaussée et abaissée par des oscillations irrégulières, qui déposèrent sans secousse sur le pavé de la rue des personnes placées à 4 ou 5 mètres plus haut, dans le chœur de l'église; de vastes maisons s'enfoncèrent tout entières dans la terre, et avec si peu de dégâts que leurs habitants sains et saufs, purent en parcourir l'intérieur, aller d'une chambre à l'autre, ouvrir et fermer les portes, allumer des flambeaux, se nourrir des provisions qu'ils avaient sous la main et s'entretenir des chances de salut qui leur restaient, jusqu'à ce qu'on les dégageât au bout de deux longues journées. Chose étrange, tandis qu'une portion notable des constructions de Riobamba disparaissait ainsi presque sans éboulement, sur un autre point de la vallée, une oscillation verticale, une force dirigée de bas en haut, produisant l'effet de l'explosion d'une mine, projetait à un kilomètre de distance, et jusque sur une colline haute de plusieurs centaines de pieds, les cadavres mutilés d'une multitude d'habitants, mêlés aux décombres de leurs habitations.

Dans les tristes calamités auxquelles est exposée la race humaine, il n'y en a pas qui, dans une contrée peu peuplée, puisse, en moins de temps, faire autant de victimes que la production et la propagation de quelques ondes terrestres, accompagnées de crevassements.... Il y a lieu d'attribuer la plupart de ces terribles phénomènes, dans la Cordillère des Andes, aux éboulements qui ont lieu dans l'intérieur de ces montagnes par le tassement qui s'opère dans leurs assises et qui est une conséquence de leur soulèvement. Le massif qui constitue ces cimes gigantesques n'a pas été soulevé à l'état pâteux, mais seulement après la solidification des roches. Comme le Cotopaxi, l'Antisana et la plupart des volcans qui hérissent les plateaux des Andes, la masse du Chimboraço même est formée par l'accumulation de débris trachytiques amoncelés confusément. Ces fragments, d'un volume souvent énorme, ont été soulevés à l'état solide par des fluides élastiques qui ont opéré sur les points de moindre résistance; leurs angles sont toujours tranchants, et leur consolidation n'a pu être tellement stable dès le principe qu'il n'y ait des tassements après le soulèvement, qu'il n'y ait des mouvements intérieurs dans leurs masses agglomérées.

La terre, vieille de tant de siècles, conserve encore une force intestine, qui élève des montagnes à travers sa croûte oxydée, renverse des cités, et agite la masse entière. La plupart des montagnes en sortant du sein de la terre, ont dû y laisser de vastes cavités, qui sont restées vides, à moins qu'elles n'aient été remplies par l'eau ou par des fluides gazeux dégagés de cette eau par la chaleur centrale. C'est bien à tort que beaucoup de géologues théoriciens se servent de ces vides, qu'ils s'imaginent se prolonger en longues galeries, pour expliquer la propagation au loin des tremblements de terre. Ces phénomènes si grands et si terribles, sont de très-fortes ondes sonores comme celles qui parcourent et ébranlent l'atmosphère, mais, excitées dans la masse solide de la terre par une commotion quelconque qui s'y propage avec la même vitesse que le son s'y propagerait. On ne peut s'étonner de leur puissance lorsqu'on a reconnu ce que produit le simple mouvement d'une voiture sur le pavé. S'il ébranle les plus vastes édifices, et se communique à travers des masses considérables, comme on peut s'en convaincre dans les carrières profondes en dessous de Paris, quel ne doit donc pas être, dans l'épaisseur de l'écorce terrestre, l'effet produit par l'écroulement d'une paroi, la rupture d'un pilier ou la chute d'une voûte de l'immense cavité d'où sont sorties les Andes?

(Humboldt, Cosmos et Tableaux de la Nature ; Gay-Lussac
et Boussingault, Annales de Physique et de Chimie.)

LE JORULLO.

La géologie désigne les parages de l'Océan où, à des époques récentes, depuis deux mille ans, près des Açores, dans la mer Égée et au sud de l'Islande, des îlots volcaniques se sont élevés au-dessus de la surface des eaux; mais elle ne nous offre aucun exemple, où, dans l'intérieur d'un continent, à 160 kilomètres de la mer, à plus de 200 de tout autre volcan actif, une montagne ait jaillit subitement du sein de la terre, au centre d'un millier de petits cônes enflammés et se soit élevée à une hauteur de 517 mètres au-dessus du niveau des plaines voisines. La naissance du Jorullo marquée de tous ces phénomènes est peut-être une des révolutions physiques les plus extraordinaires que présentent les annales historiques de notre planète.

Située sur la pente occidentale du grand plateau mexicain, entrecoupée de collines et de vallées charmantes, offrant à l'œil du voyageur un aspect peu commun sous la zone torride, celui de plaines étendues et arrosées de ruisseaux, la province de Valladolid ou de Méchuacan jouit, en général d'un climat très-doux, tempéré et favorable à l'existence de l'homme.

Une portion de ce sol privilégié se prolonge en vastes plaines depuis les collines d'Aguazarco jusque vers les villages de Teipa et Petatlan, également célèbres par leurs belles plantations de coton. Le niveau de cette plaine variant entre 750 et 800 mètres au-dessus de celui de l'océan Pacifique, la fait participer aux productions de la *Terra Caliente*. Aussi jusqu'au milieu du siècle dernier, des champs cultivés en cannes à sucre et en indigo s'étendaient entre deux ruisseaux appelés Cuitimba et San Pedro, dont les sources s'épanchaient abondantes et limpides du pied de montagnes basaltiques, à la cime couronnée de chênes toujours verts et de petits palmiers, mais dont la structure semblait indiquer qu'à une époque très-reculée tout ce pays avait été plusieurs fois bouleversé par les feux souterrains. Les bassins de ces ruisseaux, leurs champs arrosés avec art formaient une des plus grandes et des plus riches *haciendas* ou propriétés rurales de la contrée. Tout à coup, au mois de juin 1750, un bruit souterrain s'y fit entendre, précurseur de mugissements épouvantables et de tremblements de terre multipliés. Bruits et secousses du sol se succédèrent pendant cinquante à soixante jours, plongeant les habitants de l'hacienda dans la consternation et l'effroi. Enfin dans le mois de septembre. tout semblait rentrer dans le calme et le repos, lorsque dans la nuit du 28 au 29 la terre trembla de nouveau avec un horrible fracas.

Les Indiens épouvantés se réfugièrent sur les montagnes d'Aguazarco. Un terrain de 3 à 4 milles carrés (17000 à 22000 hectares), que l'on désigne sous le nom de *malpays*, se souleva en forme de vessie. On distingue encore aujourd'hui dans les couches fracturées les limites de ce soulèvement. C'est un escarpement à pic de 12 mètres de hauteur au-dessus de l'ancien niveau de la plaine, mais la convexité de toute la surface soulevée augmente progressivement vers le centre, jusqu'à 160 mètres d'élévation.

Ceux qui de la cime d'Aguazarco furent témoins de

Vue du Jorullo.

cette grande catastrophe, ont affirmé que des flammes jaillirent sur une étendue de près d'une lieue carrée; que des roches incandescentes furent lancées à des hauteurs prodigieuses, et qu'à travers une épaisse nuée de cendres illuminée par le feu volcanique, ils virent se gonfler la croûte ramollie de la terre, semblable à la mer agitée. Dès lors, les rivières du Cuitimba et de San Pedro se précipitèrent dans les crevasses enflammées, et le foyer souterrain parut trouver un nouvel aliment dans la décomposition de l'eau. Des éruptions boueuses, des couches d'argile, enveloppant des boules de basalte décomposées, semblent indiquer que dans cette convulsion de la croûte terrestre, les eaux souterraines ont joué un rôle important. Des milliers de petits cônes, qui n'ont que deux à trois mètres de hauteur, et qui ont reçu des indigènes le nom de fours (*hornitos*) hérissèrent la route boursouflée du *malpays* et chacun d'eux est une cheminée, de laquelle une fumée épaisse s'élève jusqu'à une quinzaine de mètres dans les airs. Dans plusieurs on entend un bruit souterrain qui paraît annoncer la proximité d'un fluide en ébullition.

Ce n'est pas tout : au centre de ces volcans en miniature et sur une crevasse qui se dirige du nord-est au sud-est ont jailli, au milieu des flammes, et semblables à des *fantômes noirs*, six grands cônes dominant de 4 à 500 mètres tout le reste du soulèvement. C'est le phénomène du *Monte Nuovo* de Naples, répété sur une échelle trois fois sextuple. La plus élevée de ces buttes énormes qui rappellent les *puys* de l'Auvergne, est le grand volcan de Jorullo. Constamment enflammé, il n'a cessé, jusqu'au mois de février 1760, de vomir une immense quantité de laves scorifiées et basaltiques, renfermant des fragments de roches primitives. Dans les années suivantes ces éruptions sont devenues progressivement plus rares.

Les Indiens qui d'abord avaient fui épouvantés devant cette terrible mise en scène des forces de la nature, et avaient abandonné tous les villages situés dans un rayon de sept ou huit lieues autour des *playas* de Jorullo, s'accoutumèrent peu à peu à ce spectacle effrayant. Rentrés dans leurs chaumières, ils descendirent vers les montagnes d'Aguazarco et de Santa-Inès pour admirer les gerbes de feu et les tourbillons de cendres colorées, lancés par une infinité de grands et de petits cratères. Plus tard, lorsque la croûte durcie du *malpays* commença à se couvrir de mousses et de fougères, représentants actuels de ces acotylédonées gigantesques dont l'enfouissement pendant les anciens âges de la terre a formé nos houillères, et lorsque la température de l'air ambiant ne s'éleva plus qu'à 40 ou 50 degrés, les mêmes Indiens s'aventurèrent sur la boursouflure attiédie, curieux qu'ils étaient surtout d'y chercher les traces des deux rivières dont les bords riants et les eaux limpides étaient restés dans leurs souvenirs.

A travers les fissures de la croûte argileuse de quelques *hornitos*, ils crurent entendre bruire des courants souterrains dans la direction de l'est à l'ouest que suivaient autrefois les deux ruisseaux engloutis. En passant des pères aux fils, cette hypothèse devint une certitude, et aujourd'hui l'indigène qui guide les voyageurs à travers le sol bouleversé du *malpays* ne manque jamais de lui faire remarquer au fond de quelque crevasse mise à jour et à travers un voile de vapeur fumante, un scintillement d'eau thermale, toute chargée d'hydrogène sulfureux. Voilà selon lui ce que sont devenus les rios San Pedro et Cuitamba dont le frais murmure se

mêlait jadis au doux bruissement du feuillage rubané
de la canne à sucre.

II

LE VÉSUVE

LE VÉSUVE DANS LES TEMPS ANCIENS.

L'an 73 avant notre ère, une troupe de gladiateurs et
d'esclaves fugitifs de la Campanie, avaient cherché un
asile sur le faîte d'une montagne dominant le golfe de
Néapolis. Entouré de riches campagnes et de pentes couvertes de vignobles, ce sommet concave, complétement
stérile, avait l'aspect d'une couche épaisse de cendres.
Au milieu de rochers de couleur sombre et qui semblaient avoir été calcinés par la flamme, on apercevait
des crevasses profondes. On pouvait supposer que ce lieu
avait été le théâtre de quelque incendie souterrain, depuis longtemps éteint faute d'aliment. Les fugitifs cer-
nés dans ce repaire par le préteur de la province durent
leur salut à l'une des crevasses qui s'enfonçaient dans
dans le sol. Quatre-vingt-quatre d'entre eux s'y glis-
sèrent, se confièrent à ses obscurs replis, et aboutissant
avec son issue inférieure au delà du cantonnement du
préteur, ils chargèrent les soldats à l'improviste, les
mirent en fuite et dégagèrent leurs compagnons et leur
chef Spartacus, dont le nom devint dès lors célèbre.

C'est à peu près en ces termes que les écrivains du

siècle d'Auguste, Strabon, Diodore, V. Paterculus, mentionnent pour la première fois le Vésuve.

152 ans après l'événement qui amène cette mention dans l'histoire, ce volcan, sortant tout à coup de ce sommeil de plusieurs milliers d'années peut-être, s'inscrivit de lui-même dans la mémoire des hommes, de manière à ne jamais être oublié de nouveau.

Écoutons, sur cette catastrophe qui coûta la vie à d'innombrables créatures, qui changea les conditions du littoral de la Campanie et engloutit les trois belles cités de Stabies, de Pompéi et d'Herculanum, la déposition d'un témoin oculaire.

LETTRE DE PLINE LE JEUNE A TACITE.

« Vous me demandez des détails sur la mort de mon oncle, afin d'en transmettre plus fidèlement le récit à la postérité : je vous en remercie; car je ne doute pas qu'une gloire impérissable ne s'attache à ses derniers moments, si vous en retracez l'histoire. Quoiqu'il ait péri dans un désastre qui a ravagé la plus heureuse contrée de l'univers; quoiqu'il soit tombé avec des peuples et des villes entières, victime d'une catastrophe mémorable, qui doit éterniser sa mémoire; quoiqu'il ait élevé lui-même tant de monuments durables de son génie, l'immortalité de vos ouvrages ajoutera beaucoup à celle de son nom. Heureux les hommes auxquels il a été donné de faire des choses dignes d'être écrites, ou d'en écrire qui soient dignes d'être lues! Plus heureux encore ceux à qui les dieux ont départi ce double avantage! Mon oncle tiendra son rang entre les derniers, et par vos écrits et par les siens. J'entreprendrai donc volontiers la tâche que vous m'imposez, ou, pour mieux dire, je la réclame.

« Il était à Misène, où il commandait la flotte. Le neuvième jour avant les calendes de septembre, vers la septième heure, ma mère l'avertit qu'il paraissait un nuage d'une grandeur et d'une forme extraordinaires. Après sa station au soleil et son bain d'eau froide, il s'était jeté sur son lit, où il avait pris son repas ordinaire, et il se livrait à l'étude. Aussitôt il se lève, et monte en un lieu d'où il pouvait aisément observer ce prodige. La nuée s'élançait dans l'air, sans qu'on pût distinguer à une si grande distance de quelle montagne elle était sortie; l'événement fit connaître ensuite que c'était du mont Vésuve. Sa forme approchait de celle d'un arbre, et particulièrement d'un pin; car, s'élevant vers le ciel comme un tronc immense, sa tête s'étendait en rameaux. J'imagine qu'un vent souterrain poussait d'abord cette vapeur avec impétuosité, mais que l'action du vent ne se faisait plus sentir à une certaine hauteur, où, le nuage s'affaissant sous son propre poids, il se répandait en surface. Il paraissait tantôt blanc, tantôt noirâtre, et tantôt de diverses couleurs, selon qu'il était plus chargé, ou de cendre, ou de terre.

« Ce prodige surprit mon oncle, et, dans son zèle pour la science, il voulut l'examiner de plus près. Il fait appareiller un bâtiment léger et me laisse la liberté de le suivre. Je lui répondis que j'aimais mieux étudier; il m'avait par hasard donné lui-même quelque chose à écrire. Il sortait de chez lui, lorsqu'il reçoit un billet de Rectine, femme de Cœsius Bassius. Effrayée de l'imminence du péril (car sa maison était située au pied du Vésuve, et elle ne pouvait s'échapper que par la mer), elle le priait de lui porter secours. Alors il change de but, et poursuit par dévouement ce qu'il n'avait d'abord entrepris que par désir de s'instruire. Il fait préparer des quadrirèmes, et y monte lui-même pour aller secourir Rectine, et beaucoup d'autres personnes qui avaient fixé leur habitation dans ce site attrayant. Il se dirige à la hâte vers des lieux d'où tout le monde s'enfuit : il va droit au danger, l'esprit tellement libre de crainte, qu'il dictait la description des divers accidents et des scènes changeantes que le prodige offrait à ses yeux.

« Déjà sur ses vaisseaux volait une cendre plus épaisse et plus chaude, à mesure qu'ils approchaient : déjà tombaient autour d'eux des pierres calcinées et des cailloux tout noirs, tout brisés par la violence du feu. La mer abaissée tout à coup n'avait plus de profondeur, et le rivage était inaccessible par l'amas de pierres qui le couvrait. Mon oncle fut un moment incertain s'il retournerait; mais il dit bientôt à son pilote qui l'engageait à revenir : « La fortune favorise le courage, me- « nez-nous chez Pomponianus. » Pomponianus était à Stabies, de l'autre côté d'un petit golfe, formé par une courbure insensible du rivage. Là, à la vue du péril qui qui était encore éloigné, mais qui s'approchait incessamment, Pomponianus avait fait porter tous ses meubles sur des vaisseaux, et n'attendait, pour s'éloigner, qu'un vent moins contraire. Mon oncle, favorisé par ce même vent, aborde chez lui, l'embrasse, calme son agitation, le rassure, l'encourage; et, pour dissiper, par sa sécurité, la crainte de son ami, il se fait porter au bain. Après le bain, il se met à table, et mange avec gaieté, ou, ce qui ne suppose pas moins de force d'âme, avec toutes les apparences de la gaieté.

« Cependant on voyait luire, en plusieurs endroits du

mont Vésuve, de larges flammes et un vaste embrasement, dont les ténèbres augmentaient l'éclat. Pour rassurer ceux qui l'accompagnaient, mon oncle leur disait que c'étaient des maisons de campagne abandonnées au feu par les paysans effrayés. Ensuite, il se coucha et dormit réellement d'un profond sommeil, car on entendait de la porte le bruit de sa respiration, que la grosseur de son corps rendait forte et retentissante. Cependant la cour par où l'on entrait dans son appartement commençait à se remplir de cendres et de pierres, et, pour peu qu'il y fût resté plus longtemps, il ne lui eût plus été possible de sortir. On l'éveille; il sort, et va rejoindre Pomponianus et les autres qui avaient veillé. Ils tiennent conseil, et délibèrent s'ils se renfermeront dans la maison ou s'ils erreront dans la campagne; car les maisons étaient tellement ébranlées par les violents tremblements de terre qui se succédaient, qu'elles semblaient arrachées de leurs fondements, poussées tour à tour dans tous les sens, puis ramenées à leur place. D'un autre côté, on avait à craindre, hors de la ville, la chute des pierres, quoiqu'elles fussent légères et desséchées par le feu. De ces périls on choisit le dernier. Dans l'esprit de mon oncle, la raison la plus forte prévalut sur la plus faible; dans l'esprit de ceux qui l'entouraient, une crainte l'emporta sur une autre. Ils attachent donc des oreillers autour de leur tête : c'était une sorte de bouclier contre les pierres qui tombaient.

« Le jour recommençait ailleurs ; mais autour d'eux régnait toujours la plus sombre des nuits, éclairée cependant par l'embrasement et des feux de toute espèce. On voulut s'approcher du rivage pour examiner si la mer permettait quelque tentative ; mais on la trouva toujours orageuse et contraire. Là, mon oncle se coucha sur

10

un drap étendu, demanda de l'eau froide et en but deux fois. Bientôt des flammes et une odeur de soufre qui en annonçait l'approche mirent tout le monde en fuite, et forcèrent mon oncle à se lever. Il se lève appuyé sur deux jeunes esclaves, et au même instant il tombe mort. J'imagine que cette épaisse fumée arrêta sa respiration et le suffoqua : il avait naturellement la poitrine faible, étroite et souvent haletante. Lorsque la lumière reparut (trois jours après le dernier qui avait lui pour mon oncle), on retrouva son corps entier sans blessures ; rien n'était changé dans l'état de son vêtement, et son attitude était celle du sommeil plutôt que de la mort.

« Pendant ce temps, ma mère et moi nous étions à Misène.... Mais cela n'intéresse plus l'histoire, et vous n'avez voulu savoir que ce qui concerne la mort de mon oncle. Je finis donc et je n'ajoute plus qu'un mot : c'est que je ne vous ai rien dit, ou que je n'aie vu, ou que je n'aie appris dans ces moments où la vérité des événements n'a pu être altérée. »

(Pline, le Jeune.)

LE VÉSUVE A L'ÉPOQUE ACTUELLE

Le Vésuve, vu de Naples, est une montagne à deux têtes, celle de gauche est la crête de Somma, celle de droite est le volcan lui-même, une vallée se creuse entre les deux. A l'entrée de cette vallée s'élèvent l'ermitage et l'observatoire, sur un plateau qui forme un belvédère naturel et splendide, surtout le soir quand le soleil s'arrête un instant sur Ischia, comme une roue de feu qui redescend ensuite et disparaît derrière le sommet qu'elle embrase. Mais le tableau qui m'est resté dans les yeux est un clair de lune vu de l'ermitage, pendant l'éruption de 1855 : — une moitié de la montagne dans l'ombre, le reste blanc, puis la mer lumineuse; les hauteurs de Sorrente bronzées aux flancs, argentées au front; Capri, dans une voie lactée étincelante ; plus loin, dans les brumes, Misène, Ischia, la mer lointaine et ce qu'on rêve au-delà; plus près, la ville, le fanal de son môle et les pâles réverbères de ses quais : une rangée de lucioles sous une lisière de maisons, — tout cela se déroulait devant nous, à nos pieds, et, derrière nous, le volcan flamboyait et Dieu souriait sur nos têtes.

Après l'observatoire, on s'engage dans la vallée qui sépare les deux montagnes et on longe le cône du volcan peu accessible en dépit de son peu d'élévation, jusqu'à ce qu'on trouve un point où l'ascension soit praticable. C'est alors que la fatigue commence réellement. Il n'y a plus ni chemins, ni sentiers, ni rien de pareil : ce n'est plus qu'un monceau de cendres et de scories. Ces scories figurent des éponges de fer : on ne peut dire autrement ni mieux, le mot est du président de Brosses. Il y a encore « des tas de pierres, de terre, de fer, de soufre, d'alun, de verre, de bitume, de nitre, de terre cuite, de cuivre, pétris ou fondus d'une manière écumeuse, en forme de marcassites ou de mâchefer. Les pluies ont délavé cela à la longue, par où l'on voit quels sont les plus anciens ou les nouveaux dégorgements. Il n'y a rien en vérité de si hideux à voir, ni de si fatigant à traverser, que ces amas d'*éponges de fer* aussi dures que raboteuses. Vous ne pouvez rien vous figurer de plus dégoûtant que ces infâmes déjections; on marche là-dessus avec une fatigue inconcevable. Toutes ces mottes de mâchefer roulent incessamment sous les pieds et vous font, grâce à la détestable rapidité du terrain, descendre deux toises quand vous croyez reculer d'un pas. » Ainsi parle très-exactement le président de Brosses.

Mais ce n'est rien encore ; après les scories viennent les cendres, sorte de sable fin, rougeâtre, et qu'on pourrait répandre sans inconvénient au lieu de poudre d'or, sur la page fraîche qu'on vient d'écrire. En voyant ce talus uni, l'on se rassure, on s'y engage de grand cœur. Hélas ! on ne tarde pas à regretter les scories. Ce ne sont plus des pierres qui dégringolent sous vos pieds, c'est de la poussière dure, serrée, où à chaque pas vous enfoncez jusqu'à mi-jambe. Vous retirez un de vos membres de cet étau solide et vous faites des tours de force pour le porter en avant ; peine perdue ! L'autre jambe est prise et vous n'avez pas de point d'appui. Vous voulez vous aider des mains, utopie ! elles plongent aussi dans le terrain mouvant, elles y entraînent vos bras jusqu'aux épaules. Sortez de là, si vous pouvez !

Enfin l'on arrive. On commence par s'envelopper dans son manteau, car le froid est très-vif sur la montagne. Et puis on va jusqu'au bord du cratère : c'est un gouffre fumant, dont la forme change tous les jours. Je n'y ai jamais vu, je l'avoue, quand il n'y avait pas d'éruption, que ce qu'on voit dans une chaudière : un gros nuage humide et blanc. Mais d'autres plus heureux, plus favorisés par le vent du nord, qui déblayait les bords du gouffre, ont découvert le sol, qui paraissait être de soufre et de mine de fer ; « ont vu les parois intérieures, brûlées jusqu'à la calcination, comme de la chaux, revêtues d'un roc vif, scabreux, blanc-citron, recouvert en mille endroits de soufre pur et de salpêtre ; en d'autres endroits tendant à la vitrification, en quelques-uns ferrugineux, presque partout fendu de longues crevasses, d'où sort une grande quantité de fumée. » Quelques-uns

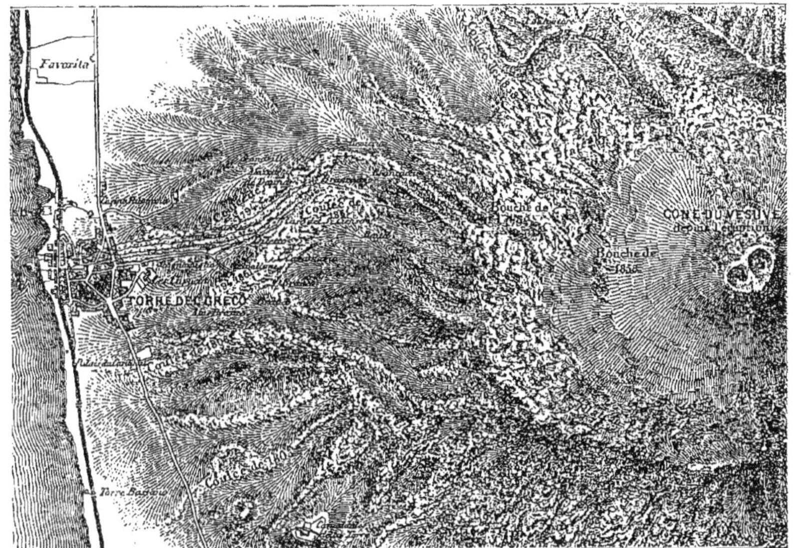

Plan du Vésuve (pente de Torre del Greco).

sont même descendus, au moyen de cordes qui les em-
pêchaient de rouler jusqu'au fond du gouffre, entre
autres notre poëte Chateaubriand, l'emphatique voyageur.

Pour ma part, quand il n'y a pas d'éruption, je
tourne le dos au cratère et je plonge mes yeux dans la
plaine.

C'est la vue qu'on a de l'ermitage, mais étendue, dé-
veloppée à l'infini. Qu'il me suffise de dire qu'on découvre de là-haut trois golfes, trois îles, je ne sais combien de promontoires sur lesquels on plane, en voyant
la mer au delà, jusqu'à l'extrême horizon où elle touche
le ciel, une plaine immense, une grande ville et cinq petites, sans compter les villages, puis des montagnes
sans nombre, pelées ou boisées, vertes ou grises, blanches même en janvier, toutes les merveilles du monde :
c'est, pour nous servir de l'expression d'un poëte, le
paradis vu de l'enfer.

Mais quand il y a éruption, l'on oublie ce calme et
radieux spectacle. On regarde alors le cratère qui vomit
des flammes, des cendres, des quartiers de roche et une
sorte de neige rouge et brûlante qui, retombant en flocons de feu sur les pentes du cône, s'amoncelle, s'écroule
en avalanches formidables et couvre alors des terres, engloutit des maisons, ensevelit des villes, sans qu'aucune
force humaine puisse l'arrêter jamais.

Le spectacle est dangereux quand on le contemple du
grand cratère. Mais il est rare depuis douze ans que les
éruptions jaillissent de là. Depuis 1850, il s'est formé
des sources au pied du cône, dans le ravin qui sépare les
deux montagnes, et l'on en voit sourdre la lave à peu
près comme l'eau des fleuves sort des glaciers. On peut
alors s'approcher sans péril de la rivière enflammée. En

1855 et en 1858, elle roulait lentement dans le ravin, comme une Tamise qui aurait pris feu. Les accidents du terrain la changeaient çà et là en cascade rouge, tombant comme du métal en fusion, rejaillissant en écume, en poussière ardente ; ailleurs, la surface de la rivière était parfaitement plate, on eût dit un lit de braises sur lesquelles auraient couru des charbons allumés. On voyait tout cela sans danger du bord du ravin ; l'assistance était nombreuse et point effrayée ; on venait là comme au feu d'artifice et les étrangers qui avaient un peu de lecture appelaient cela une belle horreur.

Mais, pour avoir vraiment peur, il ne faut pas dominer la lave. Il faut la voir venir à soi, comme je l'ai vue venir en 1855, au pied du Vésuve, entre Massa et San Sébastiano. Alors ce n'est plus une Seine quelconque, charriant du charbon de terre au lieu d'eau, c'est un rempart incendié qui marche. Ce mur avait au moins un mille de large et vingt pieds de haut. Il venait lentement, fatalement, obstruant les terrains, brûlant les arbres, enlaçant d'abord les maisons qui se trouvaient sur son passage, pour les envelopper ensuite et les couvrir. On pouvait marcher à reculons devant lui, comme un capitaine devant sa compagnie, et je voyais quelque chose comme des vagues de pierres, roulant jusqu'à mes pieds du haut de cette muraille qui marchait toujours avec une irrésistible puissance et une implacable obstination. A chaque éboulement, les progrès de la lave paraissaient s'arrêter, mais venait ensuite une autre vague amoncelant à mes pieds d'autres pierres, puis d'autres encore, et, balayant tout devant elle, cette lave comblait les ravins, envahissait la plaine et menaçait tous les villages qui sont au pied du volcan. C'était vraiment sinistre. Les curieux n'affluaient pas de ce côté-là de la montagne; mais les villageois effrayés, les laboureurs désolés poussaient des cris déchirants; quelques-uns se jetaient devant la lave, à plat ventre, comme pour s'en laisser couvrir, mais par sa chaleur insupportable, avant de les atteindre, le feu les relevait, les rejetait plus loin et consommait leur ruine en leur refusant la mort.

Mais, un peu plus haut, dans la même éruption, j'ai vu quelque chose de plus beau que cette inondation incendiaire.

Un guide nous avait offert de nous conduire un ou deux milles plus loin, cent pieds plus haut; nous avions vu le fleuve et le torrent, il nous promettait une cataracte. Nous allumons deux torches et nous partons.

Nous sommes sur un plateau; à nos pieds, à gauche, court la rivière de lave, rouge comme un brasier ardent : elle bouillonne. Sur l'autre rive, une grande masse noire cache un foyer d'où la fumée sort en tourbillons : on dirait des flammes qui poudroient. Devant nous, au delà du fossé, la cataracte. Comment décrire cela maintenant? Vous avez vu s'ébouler les maisons qui obstruaient les abords du Louvre? Vous avez vu rouler l'avalanche du haut des Alpes? Vous avez vu le Rhin se précipiter à Lauffen dans un gouffre écumant? Eh bien! résumez en un tableau toutes ces images, réunissez, confondez devant vous la cascade, l'avalanche, l'éboulement, et faites-en un immense incendie. Le flanc du Vésuve, rouge du haut en bas, dans la nuit est un seul éclair. Des quartiers de rocs embrasés bondissent, éclatent et crèvent. En face de nous, des vagues amoncelées, vomies par le cratère invisible, se dressent à chaque instant, et, d'une hauteur de cent pieds, retombent dans la fosse, entraînant, balayant tout. Un buisson est emporté par le torrent : son feu pâlit dans les flots de la lave. Là-haut, d'autres arbres s'allument, d'énormes châtaigniers, à ce qu'on nous dit, dessinent leurs squelettes enflammés en lueurs blanches. Toutes les nuances du feu diaprent cette nuit d'horreur. Des grenats s'égrènent dans la fosse, des rubis étincellent dans le torrent, des charbons ardents roulent sur le flanc du mont, des draperies de pourpre flottent sur d'autres cimes, des éclairs permanents embrasent les ténèbres, des traînées de sang ruissellent à nos pieds. Un mamelon qui surplombe là-haut, envahi peu à peu par la houle, redresse un instant sa base vers le ciel et retombe broyé; nous reculons tous d'épouvante et d'admiration. Cette fois, ce n'est plus un torrent débordé, c'est la montagne en feu qui croule.

(MARC-MONNIER, dans le Tour du monde.)

III

L'ISLANDE

THINGVALLA.

Magnifique est le panorama de la baie de Saxa-Fiord, au fond de laquelle gît Reykjavik, la capitale de l'Islande, cette pauvre et poétique terre, assise entre les glaces du pôle et le feu de l'abîme. Cette baie offre un développement de plus de quatre-vingts kilomètres entre ces deux pointes, dont l'une étale jusqu'au niveau des eaux ses couches de pierres ponces, tandis que l'autre élève jusqu'à mille pieds de hauteur sa pyramide de neige éternelle, et qu'entre elles deux l'île se creuse en amphithéâtre couronné par les pics d'une centaine de nobles montagnes. Le premier aspect de la contrée rappelle à l'esprit les rivages occidentaux de l'Écosse ; mais ici tous les objets revêtent pour ainsi dire une intensité plus grande : l'atmosphère est plus claire, la lumière plus limpide, l'air plus vif, les montagnes plus escarpées, plus hautes, plus tourmentées, mais aussi plus dénudées, pendant qu'entre leur base et la mer s'incline une zone de fondrières verdâtres, mouchetées de quelques habitations, qui elles-mêmes, toitures et murailles, sont d'une teinte de vert moisi, comme si, submergée tout entière avec ses habitants, l'île venait d'être repêchée du fond de la mer.

Les effets d'ombre et de lumière y sont les plus purs, les contrastes de couleurs les plus étonnants que j'aie jamais vus. Ainsi une montagne baignée d'une atmosphère d'or se dessine sur le flanc d'une autre que teint le pourpre le plus foncé, tandis que sur l'arrière-plan se découpent dans l'azur du ciel des pics resplendissants de neige et de glace.

... Une chevauchée d'une couple d'heures à travers les ondulations d'une plaine de dolomite, semée de fondrières et de laves concassées, conduit de la cité maritime de Reykjavik à la base des montagnes. Le paysage de cette partie de l'île n'est pas des plus beaux ; son seul ornement se compose de petits espaces semblables aux landes d'Écosse avec de petits lacs bleus, endormis dans la solitude. Puis une pénible ascension le long d'une pittoresque ravine nous fit aboutir à un immense et désolé plateau de lave qui, pendant des milles et des milles, se déployait comme un océan de pierre. On ne peut concevoir un désert plus stérile. D'innombrables cailloux entassés par les débâcles hivernales encombraient le sentier; à peine pouvions-nous aller au pas. Pas un brin d'herbe, pas une tache de verdure n'animait cette nature morte d'où ne s'élevait que le cri du courlis et le gémissement du pluvier. Les heures succédaient aux heures, et ce sombre désert semblait toujours interminable et sans bornes; la seule consolation que Sigurdr, notre guide, se permît de nous donner fut l'assurance que notre voyage se terminerait aux pieds d'une rangée de montagnes pourprées qui surgissaient au loin comme les tentes d'une armée de démons investissant un horizon de pierre.

Comme il était près de huit heures et que nous savions que le trajet total de Reykjavik à Thingvalla ne dépassait pas quatorze lieues, je ne pouvais comprendre comment nous étions encore si loin de notre destination. J'en vins à conclure que nous avions perdu, en chassant, collectionnant, etc., plus de temps que nous ne l'avions supposé, et éperonnant mon poney, je me déterminai à franchir en un temps de galop les douze milles qui semblaient s'étendre entre nous et les montagnes au pied desquelles, selon Sigurdr, notre camp était dressé pour la nuit.

Jugez donc de mon étonnement, lorsque, peu de minutes après, je fus arrêté en pleine carrière par un effrayant précipice, je devrais plutôt dire un abîme, qui, s'ouvrant subitement sous mes pieds, séparait complétement le plateau désert que nous venions de traverser avec tant de labeur, d'une charmante, gaie et lumineuse plaine dont la surface, déprimée d'une centaine de pieds au-dessous de notre niveau, se déroulait pendant une dizaine de milles entre nous et les montagnes op-

Vue de Thingvalla.

posées. Je n'ai jamais éprouvé une surprise aussi complète ; le but que Sigurdr s'était proposé par sa vague indication était rempli.

Nous voici sur les bords du fameux Almannagja : vis-à-vis de nous, dans le lointain, le Hrafnagja, l'abîme correspondant, découpe, comme une noire ligne de circonvallation, la base des montagnes, et, entre deux, repose dans sa beauté et sous les rayons du soleil, la large et verdoyante plaine de Thingvalla, revêtue de gazon et de broussailles de bouleaux nains.

Il y a bien des siècles, — qui pourrait en fixer le nombre? — quelque vaste commotion ébranla l'Islande jusque dans ses fondements et fit jaillir du sein du massif central de l'île un déluge de feu, dont les courants se précipitèrent entre les escarpements des montagnes jusqu'à ce que, s'étant frayé un passage entre les gorges et les défilés, ils se réunirent dans une grande plaine qu'ils remplirent d'un bord à l'autre, comme un creuset, de leurs matières en fusion. Alors il arriva de deux choses l'une : ou la masse vitrifiée s'étant contractée en se refroidissant, son centre, formant une aire de cinquante milles carrés, se fendit tout autour de sa circonférence, se sépara des plateaux environnants et descendit à son présent niveau, laissant à droite et à gauche, comme témoignages de sa dislocation, les deux *gjas* parallèles qui forment ses limites latérales ; ou bien, pendant que la matière centrale de la lave était encore dans un état de fluidité, sa couche supérieure se solidifia et forma une voûte sous laquelle les couches en fusion se tassèrent plus tard à un plus bas niveau, plancher d'une vaste caverne dont la croûte supérieure a disparu avec le temps.

La coupe géologique qui suit vous mettra peut-être à

même de comprendre ce qui, dans ma description, ne serait pas assez clair pour vous.

Le n° 1 désigne les deux fissures du sol appelées res-

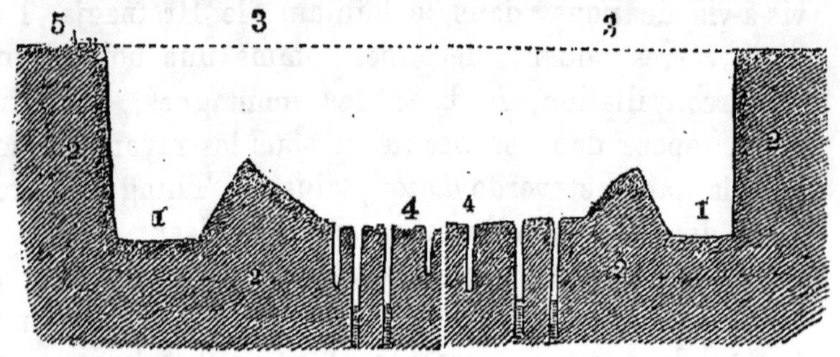

1. Gjas.   2. Déluge de lave.   3. Niveau primitif.
4. Niveau actuel de Thingvalla.   5. Le voyageur étonné.

pectivement Almannagja ou Maingja et Hrafnagja ou Rabnagja.

Par le fait de la dislocation de la masse vitrifiée primitive, le côté intérieur du gja forme un angle d'inclinaison accessible, tandis que la paroi extérieure, entièrement perpendiculaire, présente, du point où je la vis, une hauteur de plus de cent pieds. Le cours des ans a graduellement nivelé le fond de l'Almannagja et l'a revêtu d'un beau tapis de gazon, excepté dans la partie qu'une rivière, se précipitant du haut du plateau, a choisie pour son lit. Il ne faut pas s'imaginer cependant que l'isolement et la dépression du sol de Thingvalla soient aussi nettement marqués dans la nature que dans la coupe ci-dessus. En beaucoup d'endroits la roche s'est fendue d'une manière très-inégale, et le Hrafnagja est, sous tous les rapports, une pauvre tranchée ; ses parois fréquemment éboulées, ayant en bien des endroits rempli son lit de leurs débris. Dans l'Almannagja, au contraire, on peut aisément distinguer sur chaque côté des lignes et des angles correspondants, quoique à un niveau différent, avec les angles et les lignes du côté opposé, et cela aussi exactement que s'ils venaient d'être mécaniquement séparés.

2 représente l'épaisseur de la mer de lave sur les bords de la déchirure; épaisseur que je n'ai pas eu les moyens d'évaluer.

3 marque le niveau de la surface primitive formée par la lave en ébullition.

4 indique la plaine de Thingvalla, dont la surface de huit milles en tous sens est découpée par un réseau d'innombrables crevasses et fissures profondes de cinquante à soixante pieds et assez larges pour que chacune d'elles ait pu engloutir tout entière la bande de Corah. Dans le fond de la plaine dort un vaste lac, dans lequel l'inclinaison graduée du sol vers le nord a sans doute conduit les eaux, longtemps amassées par les pluies et les neiges, entre les strates de lave dont elles finirent par briser les cloisons. En regardant à travers leurs couches d'émeraude on peut encore suivre, sur le fond qu'elles recouvrent, des lignes profondes, indiquant des ravins et des abîmes en tout semblables à ceux qui ont excavé la portion sèche de Thingvalla.

Indépendamment de ces curiosités naturelles, Thingvalla m'offrait un intérêt d'un autre genre, mais plus vif encore, dans les traditions historiques qui s'y rattachent. Là, dans les temps anciens, à une époque où le despotime féodal était le seul mode de gouvernemen connu en Europe, des assemblées libres avaient coutume de siéger en paix et de régler les affaires de la jeune république, et, à l'heure présente, l'enceinte de ce local parlementaire est aussi distincte, aussi invariable que le jour où les généreux pères de la colonisation islandaise le consacrèrent au service d'une société libre.

Par un caprice de la nature, au milieu de cette plaine déprimée et que des milliers de fissures déchirent et découpent, une aire, formant un ovale irrégulier d'environ deux cents pieds sur cinquante, a été réservée et

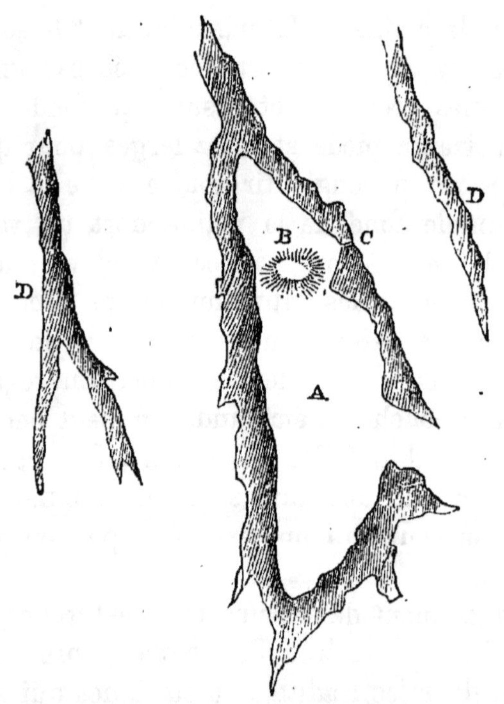

A. L'Alting.   B. La montagne de la loi.
C. Le Saut de Flosi.   D. Crevasses voisines.

entourée dans tout son pourtour par une crevasse assez large et assez profonde pour rendre cette espèce d'île inabordable, excepté par un isthme étroit, qui,

Lac de Thingvalla.

placé à l'une des extrémités, la joint à la plaine voisine
et donne accès dans son intérieur. Il est vrai que sur
un point, un seul de cette enceinte, l'ouverture béante
du précipice se resserre assez pour qu'il ne soit pas
impossible de la franchir d'un bond, et, dans les anciens jours, un galant homme, nommé Flosi, échappa
par cette voie à ses ennemis qui le poursuivaient; mais
comme un pouce en moins dans l'élan du sauteur eût
suffi pour amener sa noyade certaine dans les limpides
eaux vertes qui dorment à quarante pieds plus bas, vous
devez concevoir qu'il n'y a jamais eu beaucoup à craindre que ce mode de passage devînt très-usité.

Ce site, que la nature avait presque taillé en forte-
resse, fut donc choisi par les fondateurs de la constitution islandaise pour être le siége de leur thing, ou par-
lement.

Des gardes armés en défendaient l'entrée, pendant
que les graves législateurs délibéraient en toute sécurité dans l'intérieur. Encore aujourd'hui, à l'extrémité
supérieure de l'enceinte, on voit les trois éminences
sur lesquelles siégeaient solennellement les chefs et les
juges de l'île.

En nous éloignant de ce site, qui, sans doute, fut le
théâtre de plus d'une tragédie oubliée, nous descendîmes vers le lac par le lit même de l'Almannagja, et je
profitai de cette circonstance pour étudier de nouveau
les merveilles de sa formation. Les murs perpendiculaires, qui le bordent de chaque côté, surgissent aussi
nettement du tapis vert de gazon qui garnit son fond,
que les eaux de la mer Rouge ont dû se dresser de chaque côté de la voie ouverte aux Hébreux fugitifs. Des
flots de lumière inondaient une de ces parois de rochers, pendant que l'autre était laissée dans la plus

profonde obscurité ; et, sur la surface rugueuse de toutes les deux, on pouvait encore retrouver la correspondance des saillies et des dépressions qui s'étaient formées dans chacune d'elles au moment du retrait de la masse ignée. Les traces de cette convulsion sont encore si inaltérées, paraissent si récentes, que j'aurais pu croire qu'une des plus grandes et des plus violentes opérations de la nature venait de se passer presque sous mes yeux.

Un trajet d'environ trente minutes nous amena sur les bords du lac, glorieuse nappe d'eau de quinze milles de longueur sur huit de largeur et occupant un bassin formé par les mêmes montagnes qui ont sans doute arrêté les progrès ultérieurs du torrent de lave. J'ai rarement été témoin d'une plus belle scène : sur le premier plan gisent d'énormes masses de rocs et de laves, entassées comme les ruines d'un monde, et lavées par des eaux aussi brillantes et aussi vertes que la malachite polie. Au delà se groupent des montagnes lointaines, revêtues, par la transparence de l'atmosphère, de teintes inconnues en Europe, étageant l'une au-dessus de l'autre leurs cimes dans le miroir d'argent étendu à leurs pieds, tandis que de loin en loin, du sein de leurs flancs pourprés, des colonnes de blanches vapeurs s'élèvent, comme l'encens d'un autel, vers l'impassible azur du ciel.

L'HÉCLA.

.... Après deux jours entiers consacrés à Thingvalla, nous prîmes la route des Geysers. C'était le matin, l'azur était encore sans nuage, et chaque mille franchi nous découvrait quelque merveille du sol et du ciel. Une

course de trois heures nous avait fait traverser le Rabnagja, limite orientale de Thingvalla ; une fois au sommet de ces rugueux escarpements, nous donnâmes un
dernier regard à la belle plaine déroulée sous nos pieds,
puis nous nous lançâmes courageusement à travers un
autre aride plateau de lave, de la même nature que celui que nous avions dû parcourir naguère pour atteindre
l'Almannagja. Mais, au lieu de l'immensité sans bornes
qui nous avait presque découragés là-bas, nous n'eûmes
ici qu'une perspective terminée par une rangée de montagnes étrangement bigarrées et se dressant devant
nous en formes si fantastiques que je ne pouvais en dé-
tourner les yeux. C'était une plaine parfaitement unie
et gazonnée, d'environ une lieue carrée, en forme de
fer à cheval et entourée par un cercle nu de montagnes,
de scories et de cendres qui étalait en amphithéâtre
rouge, noir et jaune, une centaine au moins de pics
fantastiques. Pas une trace de végétation n'animait
l'aridité de leurs flancs vitrifiés, pendant que le ver-
doyant tapis étendu à leur base ne servait qu'à donner
à leur cercle plutonien une apparence plus fatidique et
plus infranchissable.

Après avoir changé nos montures, nous gagnâmes au
galop l'autre côté de la plaine ; et, quand nous eûmes
doublé l'extrémité de l'hémicycle, nous nous trouvâmes
tout à coup dans une région aussi différente des montagnes de cendres que nous venions de quitter, que celles-
ci différaient du paysage volcanique vu le jour précédent. Sur notre gauche s'élevait un rempart de montagnes vertes découpées de loin en loin par des gorges
semblables aux glens écossais, pendant que de leur base
jusqu'aux bornes de l'horizon s'étendait une vaste surface de prairies, arrosées par deux ou trois rivières, qui

s'allongeaient, se déroulaient, se repliaient sur elles-mêmes comme de bleus serpents. Çà et là de blanches masses de vapeur, s'échappant des innombrables ondulations du sol, rappelaient les puissantes chaudières toujours à l'œuvre sous la fraîche, humide et verdoyante pelouse ; tandis que de grands lacs sauvages, et des cônes de montagnes solitaires et tronqués, rompaient l'uniformité de cette basse lande et dirigeaient les regards vers un point de l'horizon où les trois pics du mont Hécla dessinaient leurs contours nets et glacés sur l'azur du ciel.

Rien n'était plus *tantalisant* que de passer dans le voisinage de ce fameux volcan sans pouvoir y faire une ascension ; mais une expédition de ce genre nous eût demandé trop de temps. En apparence l'Hécla diffère très-peu des autres montagnes ignées qui hérissent de leurs cônes innombrables la surface de l'île. Il consiste en une pyramide d'environ cinq mille pieds de hauteur, formée de scories et de cendres, consolidées et soudées par les matières en fusion qui sont sorties de ses flancs. Entre 1004 et 1766 on a compté vingt-trois éruptions de ce volcan, séparées par des intervalles variant de six à soixante-six ans. Celle de 1766 fut une des plus violentes. Elle s'annonça par l'apparition d'une immense colonne de poussière noire montant lentement vers le ciel avec un accompagnement de tonnerres souterrains et de tous les autres symptômes qui précédent les convulsions volcaniques. Bientôt un cercle de flamme entoura le cratère, et des masses rougies de rochers, de pierres ponces et magnétiques furent lancées avec une effroyable violence à d'incroyables distances, et cela en un jet si continu et si serré que des témoins l'ont comparé à un *immense* essaim d'abeilles s'échappant du

Le mont Hécla.

sein de la montagne. Un bloc de pierre ponce de six pieds de circonférence fut projeté à plus de huit lieues, et un autre, de fer natif, à plus de six. La surface de la terre fut couverte, dans un rayon de deux cent quarante kilomètres, d'une couche de cendres de quatre pouces d'épaisseur. L'air en était si obscurci, qu'en un lieu éloigné de vingt-deux myriamètres du foyer de l'éruption on ne pouvait distinguer à quelques pas une feuille de papier blanc d'une feuille noire. Les pêcheurs ne purent aller en mer, à cause des ténèbres, et les habitants des Orcades furent saisis d'effroi et mis hors d'eux-mêmes par la chute de ce qu'ils crurent être *une neige noire*. Le 9 avril, la lave commença à déborder du cratère, coula pendant deux lieues dans une direction sud-ouest, et bientôt après, comme si tous les éléments étaient tenus de jouer un rôle dans cet infernal charivari, une large colonne d'eau fendit, comme la seconde flèche de Robin-Hood, la colonne de cendres, et jaillit à plusieurs centaines de pieds de hauteur. L'horreur de ce spectacle était encore augmentée par des ébranlements souterrains et d'épouvantables détonations, qui s'entendaient à vingt-cinq lieues de distance.

Si effrayante qu'ait été cette convulsion de l'Hécla, elle semble pourtant pâle et insignifiante en comparaison des phénomènes bien autrement terribles qui accompagnèrent l'éruption d'un autre volcan appelé le Skapta-Jokul.

De toutes les contrées de l'Europe, l'Islande est celle qui a donné lieu aux travaux topographiques les plus minutieux; plus minutieux même que le cadastre de l'Irlande. Ces travaux, qui semblent avoir été la marotte du gouvernement danois, ont eu pour résultat une carte admirablement exécutée, sur laquelle la moindre petite crevasse, le plus chétif torrent et le moindre courant de Iave sont reportés avec une perfection étonnante. Cependant, dans la partie sud-est de l'Islande, une large tache blanche rompt la continuité de ces lignes microscopiques. Partout ailleurs les ingénieurs ont exploré le sol de l'île; seul un vaste espace de mille kilomètres carrés a défié leurs investigations. Sur cette aire, où le Skapta-Jokul élève ses cimes ceintes de champs de neiges et d'éternels glaciers, le pied de l'homme ne s'est jamais posé. C'est pourtant du sein de ce discret désert qu'est descendu le plus épouvantable fléau qui ait ravagé l'île.

Cet événement eut lieu en 1783. L'hiver et les premiers jours du printemps avaient été d'une douceur inaccoutumée. Vers la fin de mai, un léger brouillard bleuâtre commença à flotter autour de la ceinture vierge du Skapta; son apparition fut accompagnée, dans le commencement de juin, par un fort tremblement de terre. Le 8 du même mois, d'immenses colonnes de fumée, réunies dans la partie nord de cette région montagneuse, se mirent en mouvement dans la direction du sud, marchant contre le vent, et enveloppèrent de ténèbres tout le district de Sida. Un tourbillon de cendres s'abattit alors sur la face de la contrée, et, le 10, d'innombrables jets de flammes étaient vus jaillissant et serpentant au milieu des précipices glacés de la montagne, pendant que la rivière Skapta, une des plus larges de l'île, après avoir roulé dans la plaine un immense volume d'une fétide bouillie d'eau et de poussière volcanique, disparaissait tout à coup.

Deux jours après, un courant de lave, issu de sources dont aucun pied mortel n'a foulé les abords, vint se précipiter dans le lit de la rivière desséchée, et en peu de temps, quoique ce chenal béant ne présentât pas moins de six cents pieds de profondeur sur deux cents de large, le déluge de feu surmonta ses rives, traversa la basse contrée de Medalland, et, roulant devant lui comme une nappe le sol tourbeux de cette plaine, vint se jeter dans un grand lac, dont les eaux, vaporisées au contact de cette brûlante invasion, s'évanouirent en bouillonnant et en sifflant dans les airs.

Ayant comblé entièrement en peu de jours le vaste bassin du lac, l'inépuisable torrent reprit sa marche ; mais, divisé cette fois en deux courants, il alla avec l'un recouvrir d'anciens champs de lave, et, se rejetant avec l'autre dans le lit de la Skapta, il s'élança en cascades de feu du haut des cataractes de Stapafoss. Ce n'est pas tout : pendant qu'un fleuve de lave avait choisi la Skapta pour son lit, un autre, descendant dans une direction différente, ravageait les deux rives du Heverfisfliot et se précipitait dans la plaine avec plus de fureur et de rapidité que le premier. Il est impossible de savoir si tous deux sortaient du même cratère, car le creuset d'où ils s'épanchèrent au loin était situé au cœur même d'un inaccessible désert, et même on ne peut mesurer la puissance de cet épanchement de matières ignées qu'à partir du point où il atteignit les districts habités. On calcule que le courant qui combla la Skapta a environ quatre-vingts kilomètres de long sur vingt à vingt-cinq dans sa plus grande largeur, et que celui qui suivit le cours du Heverfisfliot forme une zone de quatre-vingts sur onze. Là où elle fut emprisonnée entre les hautes berges de la Skapta, la couche de lave atteint cinq et six cents pieds d'épaisseur, et en conserve près d'une centaine dans la plaine même. L'éruption de poussière, de cendres, de ponces et de laves continua jusqu'à la fin d'août, époque où ce drame plutonien se termina par un violent tremblement de terre.

Pendant toute une année un lourd dais de nuages pulvérulents demeura étendu sur l'île. Le sable et les cendres recouvrirent sans retour des milliers d'acres de fertiles pâturages. Les îles Féroé, les Shetlands et les Orcades furent inondées de cette poussière volcanique qui souilla même d'une manière perceptible les cieux cléments de l'Angleterre et de la Hollande. Des vapeurs méphitiques infectèrent l'atmosphère de l'Islande entière; même le gazon que n'avait pas atteint la pluie de cendres fut entièrement consumé. Le poisson périt dans la mer infectée, une épizootie se déclara dans le bétail, et une épidémie semblable au scorbut attaqua les habitants eux-mêmes. Stéphenson a calculé que 9000 hommes, 28 000 chevaux, 11 000 bêtes à cornes et 190 000 moutons moururent par suite de cette seule éruption. Les calculs les plus modérés portent le chiffre des décès humains à 1300, et celui des animaux à environ 156 000

LES GEYSERS.

.... Après une journée de quinze heures au moins et quinze heures de pénible allure, nous aperçûmes droit devant nous une colline basse, brune, à pente rapide et rugueuse, entièrement détachée de la chaîne dont nous avions suivi le pied toute la journée. Quelques minutes après, nous avions tourné autour de son extrémité extérieure, et nous nous trouvions en présence des vaporeux Geysers. Je ne crois pas pouvoir vous donner une meilleure idée de l'aspect de la localité, que de vous la représenter comme une surface d'une cinquantaine d'hectares environ, qu'un désastre quelconque aurait criblée de trous et d'orifices béants. Pas un brin de verdure ne croît sur ce sol brûlant formé d'une argile impure, d'un rouge livide, plissée par bandes et hérissée d'incrustations et de dépôts aquatiques.

Assez naturellement notre premier mouvement, en descendant de cheval, fut de courir tout d'abord au grand Geyser. Comme il gît à l'extrémité la plus éloignée de ce groupe de sources thermales, nous dûmes traverser, pour l'atteindre, le diamètre entier de cet échiquier d'eau bouillante et de fondrières de vase chaude; conséquemment, nous n'arrivâmes devant lui qu'avec des pieds emplâtrés jusqu'aux chevilles. Mais notre empressement nous servit d'excuse.

Un calme bassin siliceux, de soixante-deux pieds de

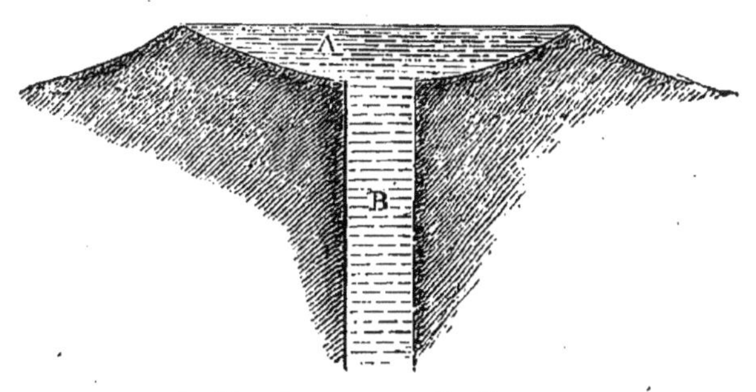

A. Bassin.   B. Tuyau

diamètre et de quatre de profondeur, percé au fond d'une ouverture exactement comme les cuvettes de toilette en usage sur les bateaux à vapeur, s'étendait devant nous, plein jusqu'au bord d'une eau chauffée juste au degré de l'ébullition, tandis qu'au-dessus de nos têtes s'élevait une grande colonne de vapeur, qu'avec un peu d'imagination on pouvait supposer prête à se changer d'un moment à l'autre en quelque génie fantastique. Les bords du bassin étaient formés d'incrustations siliceuses, et des couches de cette substance, rappelant assez celles qui forment la coquille de l'huître, s'étendaient, en pente douce, tout autour des flancs du réservoir.

Peu après notre arrivée, nous étions tranquillement assis, et, sous la lumière de minuit, égale à celle du jour, nous savourions notre café infusé dans l'eau des Geysers, quand soudain il nous sembla que sous nos pieds éclatait l'explosion d'une batterie souterraine; la terre trembla, et Sigurdr, se levant en sursaut, renversa l'échiquier sur lequel nous allions commencer une partie, et s'élança en toute hâte vers le grand bassin. Lorsque nous arrivâmes sur ses bords, tout bruit avait cessé, et nous ne pûmes remarquer qu'un léger mouvement ondulatoire dans sa partie centrale, comme si quelque génie avait troublé l'eau en la traversant. Irrités de cette fausse alerte, nous résolûmes de nous venger de notre désappointement en allant tourmenter le Strokr. Il faut que vous sachiez que le Strokr, ou *la Barate*, est un infortuné Geyser si peu maître de ses passions ou de son estomac, qu'on en obtient un jet à volonté. Il n'est nécessaire, pour cela, que de réunir une certaine quantité de mottes de terre ou de gazon et de les précipiter dans son orifice. Comme il n'a pas un bassin qui le protége contre ces libertés, on peut s'approcher jusqu'au bord de cette espèce de puits, large d'environ cinq pieds, et, se penchant sur la margelle, contempler les eaux bouillantes qu'il contient à une grande profondeur. Au bout de quelques minutes, la potion que vous venez de lui administrer commence à l'incommoder; il s'agite avec colère, tourmenté par les nausées d'un malaise croissant; il grogne, il siffle, il bout avec véhémence, jusqu'à ce qu'enfin, rugissant de douleur et de rage, il lance dans les airs une colonne d'eau de quarante pieds de hauteur, qui emporte avec elle tous les bols que vous lui avez fait avaler et les rejette chauds et à demi digérés à vos pieds. L'estomac du pauvre diable est tellement irrité de l'outrage qu'il vient de subir, que longtemps encore après qu'il ne contient plus de matières étrangères, il continue à avoir le hoquet et à expectorer, jusqu'à ce qu'enfin, complétement épuisé, il se replie sur lui-même en gémissant, et se retire au fond de son antre.

Fiers au plus haut point du succès de cette expérience, nous allâmes examiner les autres sources. Aucune d'elles ne mérite, je pense, une mention particulière ; toutes ont le caractère général des deux que j'ai décrites : elles n'en diffèrent que par leurs dimensions infiniment plus étroites, leur puissance et leur importance infiniment moindres. Mais il y a dans le voisinage un autre jeu de la nature qu'on ne peut passer sous silence. Imaginez une large et irrégulière ouverture béante dans un lit de blanche et délicate argile, ouverture remplie jusqu'au bord d'une eau thermale parfaitement immobile, et d'un bleu aussi brillant que celui de la grotte d'Azur, à Capri, et dont les profondeurs transparentes vous permettent d'entrevoir l'entrée d'une vaste caverne sous-marine qui s'étend sous vos pieds dans une direction horizontale, jusqu'à une distance que Dieu seul connaît. Les murs, les voûtes de ces galeries immergées paraissent réellement, au regard qui les contemple, comme s'ils étaient construits avec le plus pur lapis-lazuli, et si mince est la croûte qui enveloppe le tout, que nous n'étions pas sans crainte que, se brisant sous notre poids, elle ne s'écroulât avec nous dans un bain magnifique, mais des plus dangereux.

Comme notre principal objet, en venant de si loin, était de voir une éruption du grand Geyser, il était nécessaire de guetter ce spectacle, et tous nos mouvements furent réglés en conséquence. Pendant les deux ou trois journées qui suivirent, semblables à des pèlerins veillant autour de quelque sainte châsse, nous fîmes patiemment sentinelle ; mais à peine le génie du lieu daigna-t-il déployer pour nous les plus légères manifestations de ses énergies latentes. A deux ou trois reprises la canonnade que nous avions entendue immédiatement après notre arrivée recommença et fut même suivie une fois d'une éruption de huit à dix pieds de haut, mais d'une durée si courte, qu'avant que nous eussions franchi les cinquantes mètres à peine qui séparaient notre tente du bassin, tout était fini. Et l'eau retombée dans la vasque s'engouffrait mystérieusement et sans bruit dans les replis de ses cavernes brûlantes.

Nous avions ainsi passé trois jours à surveiller le Geyser et à attendre l'éruption qui devait nous rendre la liberté. Dans la matinée du quatrième, un cri de nos guides nous fit lever en sursaut et précipiter tous ensemble vers le bassin. Les tonnerres souterrains avaient déjà commencé leur tapage accoutumé, et une violente agitation troublait le centre de l'entonnoir ; soudain un dôme d'eau se gonfle, se soulève à une hauteur de huit à dix pieds, puis se brise et tombe immédiatement, suivi d'une brillante colonne d'eau ou plutôt d'une gerbe de colonnes, qui, enveloppée d'une robe de vapeurs, jaillit dans les airs, par une succession d'efforts saccadés dont chacun porte les crêtes argentées de la masse liquide à un niveau plus élevé que le précédent. Les forces ascensionnelles de la fontaine se déployèrent ainsi pendant quelques minutes ; puis elles parurent s'épuiser toutes

Le grand geyser.

à la fois. La masse mouvante hésita, vacilla, retomba sur elle-même comme un projet avorté, et disparut immédiatement, absorbée dans les mystérieuses cavités du tube.

Ce fut certainement un magnifique spectacle; mais nulle description ne peut donner l'idée de ses traits les plus saisissants. L'énorme quantité d'eau soulevée, sa violence, sa puissance latente, les incommensurables tourbillons de vapeur lumineuse s'exhalant avec une inépuisable profusion, tout est combiné pour faire de ce phénomène un des jeux les plus brillants des merveilleuses énergies de la nature.

Et cependant je ne crois pas qu'il se soit déployé pour nous dans toute sa splendeur : entre le moment où le jet commença à s'élever et celui où il rentra dans le tube de l'entonnoir, il ne s'écoula pas plus de sept à huit minutes, et la cime de la colonne n'atteignit jamais au delà de soixante à soixante-dix pieds au-dessus de la surface du bassin. Je dois donc regarder comme fabuleux les trois cents pieds dont parlent les anciens voyageurs; mais des personnes dignes de foi disent avoir vu des jets de deux cents pieds, et des rapports très-authentiques, fondés sur la mesure et le temps, fixent à cent huit pieds la hauteur d'une éruption.

Quant'au mécanisme interne qui met de tels jets d'eau en mouvement, la théorie la plus accréditée est celle qui suppose l'existence d'une grande cavité souterraine que l'eau remplit à peu près, mais non entièrement, et qui communique avec l'air extérieur au moyen d'un tube, dont l'orifice inférieur, au lieu d'être placé dans le plafond de la caverne, débouche sur un des côtés et au-dessous de la surface du réservoir souterrain. L'eau, amenée par les fournaises qui l'entourent au degré d'ébullition, engendre, on le conçoit, de continuelles effluves de vapeur qui ont besoin de trouver une issue. Cette vapeur ne pouvant s'échapper par le tube, dont l'extrémité inférieure est plongée dans l'eau, se ramasse dans les espaces vides entre le niveau de l'eau et la voûte de la caverne, jusqu'à ce que, comprimée outre mesure, elle fait effort, d'une part contre le rocher, de l'autre contre le liquide, dont elle force une portion à remonter dans le tube, où elle la pousse devant elle jusqu'à ce qu'elle l'ait projetée triomphalement dans les airs. En résumé, le jet d'eau formé par l'éruption du Geyser n'est rien de plus que l'expulsion de la masse d'eau renfermée dans le tube au moment où la vapeur se met en liberté.

(LORD DUFFERIN, *Letters from high latitudes*.)

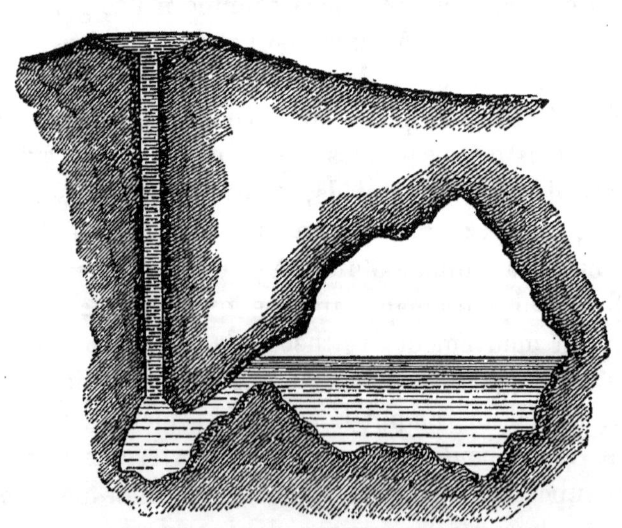

Esquisse théorique du Geyser.

IV

LA NOUVELLE-ZÉLANDE. — HAWAI.
LE MONT ÉRÈBE

LE ROTO-MAHANA. — LE LAC BOUILLANT DE LA NOUVELLE-ZÉLANDE.

A une vingtaine de degrés au nord-ouest du poin;
mathématique qui marquerait sur une sphère les anti-
podes de l'Islande, s'élève solitaire, des profondeurs de
l'océan Pacifique, une longue bande de terre, divisée
en trois îles d'inégales grandeurs. C'est la Nouvelle-
Zélande, contrée aussi remarquable par l'étendue et la
richesse de son sol que par la douceur de son climat et
la variété de ses paysages, où brillent, isolées ou réunies, les plus heureuses harmonies des monts, des
plaines, des bois et des eaux.

Eh bien, cette terre privilégiée présente plus d'une
analogie avec la pauvre et lointaine Islande. Sa surface,
comme celle de cette île des régions arctiques, dont le
diamètre entier du globe la sépare, est le théâtre perma-
nent de l'action que l'intérieur de notre planète exerce
contre ses couches extérieures. Les mêmes forces qui
ont soulevé la charpente de la Nouvelle-Zélande au-dessus
de l'Océan en ébranlent encore les fondements. Il est
peu de régions plus constamment agitées par les tremblements de terre que le littoral du détroit de Cook,
qui s'ouvre entre les plus grandes îles de cet archipel.
L'île du Nord, la plus riche et la plus peuplée, est tra-

versée tout entière du nord-est au sud-ouest, sur une longueur de 300 kilomètres, par une zone volcanique toute hérissée de pics ignivomes de 2 à 3000 mètres de hauteur, dont plusieurs fument et grondent encore, et toute semée de solfatares, de fumerolles, de lacs d'eaux chaudes et de sources thermales, rappelant les geysers d'Islande. A son extrémité nord, cette zone s'épanouit autour de la baie de Plenty, dont elle forme les rivages et où elle porte le nom de *district des lacs*, dû à la multitude de bassins de toute dimension qui en constellent la surface. C'est la partie de l'île la moins recherchée des colons, mais la plus visitée des voyageurs ou même des simples touristes qui passent par Auckland, la capitale de l'archipel. Il n'est pas jusqu'aux bons bourgeois de cette ville, si peu familiarisés qu'ils soient avec la vie des bois, qui ne bravent les fatigues d'un voyage de plusieurs jours, à travers les forêts et les marécages, pour aller contempler au fond de cette contrée les merveilles du *Roto-Mahana*, ou Lac bouillant.

Cette nappe d'eau, une des plus petites de la pléiade dont elle fait partie, gît tout au sud du district, à la base des hauteurs qui séparent les eaux coulant dans la baie de Plenty de celles qui, tributaires du grand lac Taupo et du fleuve Waikato, son débouché, sont entraînées vers la côte opposée de l'île.

«.... Au premier abord, ce petit lac, long tout au plus de 1400 mètres, large de 3 à 400, étalant un liquide verdâtre dans une double bordure de marécages et de collines stériles, marquetées çà et là de plaques de fougères, répond mal à l'idée qu'on a pu en concevoir d'après sa renommée. Mais, dès que l'on a pénétré dans ce triste cadre, d'épaisses et blanches colonnes de vapeur, s'élevant de tous les plis du terrain, de toutes les

Le Te-Ta-Rata, une des sources jaillissantes du Roto-Mahana.

ravines qui le découpent, ne tardent pas à signaler aux regards et à rappeler à l'esprit ce qui fait de cette localité un des points les plus remarquables de notre planète. Ces nuages ne pouvant provenir de la fumée de foyers humains, ou de celle qui flotte dans les forêts d'Europe au-dessus des fours à charbon, on reconnaît bien vite en eux les exhalaisons des innombrables salses, geysers et sources thermales qui ont valu au Roto-Mahana sa température et son nom.

« Plus de deux cents de ces bouches brûlantes sont ouvertes sur la seule rive orientale du lac. Les eaux de toutes approchent du degré d'ébullition, ou le dépassent, et toutes tiennent en dissolution des acides minéraux et des sédiments calcaires. Ce ne fut qu'après m'avoir fait passer toutes ces sources en revue que mon guide indigène, en vrai *cicerone*, me conduisit devant le Te-Ta-Rata, principal déversoir de cette masse d'eau chauffée au contact des flammes intérieures du globe.

« Pour bien juger ce phénomène naturel, il faut se rappeler la théorie des puits forés, dont les eaux sont d'autant plus chaudes qu'elles proviennent d'une plus grande profondeur; or, l'énorme colonne d'eau ascendante qui forme le Te-Ta-Rata jaillit toute bouillante au sommet d'une éminence qui domine le lac de 30 à 35 mètres, et remplit d'un seul jet un bassin régulièrement ovale d'environ 80 mètres de circonférence et bordé sur tout son pourtour d'un revêtement de stalactites blanches comme la neige. Rien n'est beau comme le contraste formé par cette vasque d'albâtre et la nappe profonde et limpide qui bouillonne à son centre et s'épanche sur ses bords, nappe d'un bleu si intense qu'il se réfléchit jusque dans la masse d'épaisses vapeurs qui planent incessamment au-dessus du bassin.

« Douées au plus haut degré de la faculté d'incrusta-
tion, les eaux, en outre, en se déversant sur la pente de
la colline, y ont formé, de leurs dépôts calcaires, comparables au plus bel albâtre d'Italie, une série de terrasses dont aucune description ne saurait rendre l'effet
magique. Imaginez-vous une chute d'eau qui, roulant
de gradin en gradin le long du gigantesque escalier de
l'Orangerie, à Versailles, s'y serait soudainement chan-
gée en marbre blanc. Dans chaque degré, revêtu d'un
petit bord en saillie, où pendent de délicates stalactites,
sont comme enchâssés des bassins secondaires, différents de dimension, mais uniformément teintés du plus
bel indigo. Ce sont autant de baignoires naturelles, que
le luxe le plus raffiné n'aurait pu rendre ni plus élégantes ni plus commodes. On peut choisir parmi elles les
dimensions que l'on préfère, la température que l'on
veut, car sur les gradins inférieurs plus éloignés de la
source mère, la chaleur diminue graduellement. Quelques-unes de ces piscines sont si vastes, si profondes,
qu'on pourrait facilement s'y livrer à la natation.

« Les magnificences du Te-Ta-Rata ont pour pendant, sur la rive opposée du lac, celle d'une source non
moins remarquable et par sa température et par ses
qualités incrustantes. Elle a reçu des indigènes le nom
expressif de Otaka-Puarangi, l'*Atmosphère nuageuse*. Ses
blancs dépôts siliceux descendent aussi de son orifice
jusqu'au lac, et on les gravit par un escalier de marbre
aux arêtes si vives, aux marches si régulières aux ram-
pes garnies de si jolies bordures d'arbustes toujours
verts, qu'on dirait que la nature a voulu railler et défier
ici le savoir et la main de l'homme.

« Peut-être les terrasses superposées de l'Otaka-Puarangi ne sont-elles pas aussi grandioses que celles du

Te-Ta-Rata ; mais elles sont plus gracieuses et plus fines, et une légère teinte rosée répandue dans tout le dépôt calcaire communique à l'ensemble une beauté particulière. Le bassin de la source, large de 40 à 50 pieds, renferme une nappe d'eau paisible, d'un joli bleu d'azur qui se vaporise, mais ne bouillonne pas. A la base septentrionale des terrasses fume une solfatare, le Whaka-Taratara, véritable étang de soufre, dont le trop-plein se jette dans le lac par un courant limoneux. »

Une étude complète du Roto-Mahana, si rapide qu'elle soit, exigeant plusieurs jours, les indigènes ont eu le soin de préparer, pour les visiteurs, de petites huttes sur l'îlot Pouaï, situé au centre même du lac qu'il domine de 4 ou 5 mètres. Mais, il faut l'avouer, le touriste qui ignorerait que d'autres avant lui ont séjourné et dormi dans ce gîte y trouverait difficilement le sommeil, au milieu des bouillonnements et des clapotis incessants de la masse d'eau environnante, des sourds murmures et des frissons étranges qui traversent le sol de l'îlot, et des bouffées de chaleur qui s'en exhalent. La température de ce sol est telle que des patates, du poisson, du gibier, enterrés à quelques pouces au-dessous de sa surface, y cuisent en quelques minutes, comme dans un four. En réalité, cette petite île tout entière n'est qu'un rocher caverneux, placé comme un couvercle sur une fissure pleine de gaz et de vapeurs, dont la haute température doit tôt ou tard le dissoudre, ou la pression le faire voler en éclats, pour le remplacer par un vrai cône d'éruption.

(D'après FERDINAND DE HOCHSTETTER, Expédition
de la Novarra.)

LES VOLCANS D'HAWAI

Parmi les phénomènes volcaniques de la période actuelle du globe, il en est peu d'aussi instructifs que ceux que présente l'île Hawaï, la plus grande de l'archipel de Sandwich, et qui doit son existence au soulèvement de trois montagnes colossales, le Roa, le Kea et Hualalaï, qui ont surgi du fond de la mer à des époques successives, mais relativement modernes. Le Mauna-Roa, haut de 4300 mètres, est tout à la fois la cime la plus élevée de la Polynésie et le volcan le plus actif de l'océan Pacifique.

Le plus grand des cratères creusés dans son sommet a plus d'une lieue de diamètre et laisse voir, dans son état habituel, un sol ferme, composé de lave refroidie et de scories de toutes formes d'où s'élèvent de petits cônes d'éruption toujours fumants, qui, à plusieurs reprises, depuis une trentaines d'années, et notamment en 1832, 1843, 1855, ont déversé des coulées de lave de plusieurs lieues de largeur!

Sur le versant oriental de la montagne, à 1250 mètres seulement au-dessus du niveau de la mer, s'étend en outre, à ciel ouvert, un bassin plein de lave toujours en fusion ; véritable lac de feu, long de 500 mètres sur 3300 de large. Lorsque, gravissant de gradin en gradin l'escalier gigantesque qu'a formé autour de ce nouveau Phlégéton le retrait des anciennes déjections volcaniques, on parvient au bord du cratère et que l'on plonge du regard dans le gouffre embrasé, on éprouve, avec une sorte d'étonnement, une impression solennelle de calme et de repos. L'approche d'une éruption ne s'annonce point dans

Cratère du Mauna-Roa (Hawaï).

le Kilauéa (c'est le nom de cet immense brasier), par des tremblements de terre ou des bruits souterrains, mais par les ondulations de la lave qui s'élève et s'abaisse soudainement en larges lames, comme l'Océan à l'approche de la tempête.

Lorsque des causes inconnues empêchent les matières en fusion de s'épancher par-dessus les bords du Kilauéa, ou de s'élever jusqu'à l'orifice supérieur du grand cône, de nouveaux cratères ne tardent pas à s'ouvrir dans les flancs mêmes de celui-ci. Le 23 janvier 1859, une bouche ignivome de 200 à 300 mètres de diamètre apparut tout à coup béante, à mi-hauteur du Mauna-Roa, et donna issue pendant plusieurs mois à des flots de lave qui non-seulement se déversaient en cascades par-dessus ses bords, mais jaillissaient dans les airs en longues gerbes de feu.

Rien ne peut donner l'idée de la magnificence de ce spectacle, qui, la nuit surtout, faisait apparaître toute la montagne comme un immense foyer. Ces splendeurs de la nature développées à ce degré ne peuvent jamais s'oublier; mais il faut renoncer à les décrire. Du foyer incandescent s'élançaient des masses en fusion, pesant des centaines, peut-être des milliers de tonnes, mues par une puissance aussi inconcevable qu'irrésistible, puis elles retombaient comme de brillants météores sur les déclivités du mamelon, se nuançant d'une teinte grisâtre à mesure qu'elles se refroidissaient et se confondant bientôt dans un uniforme et formidable torrent. Une épaisse colonne de noire fumée dépassait de plus de 200 mètres le plus haut sommet de la montagne, puis se rabattait sur les îles voisines, qui en étaient obscurcies. Au début de l'éruption, le courant de la lave semblait comme incertain de son but. On eût dit qu'il se perdait dans les profondeurs d'un ravin intermédiaire. Bientôt on reconnut que ce torrent enflammé était multiple et se divisait dans des directions variées, selon les pentes du terrain.

Pendant les six premiers milles du parcours, la matière étant plus liquide et les inclinaisons du sol plus prononcées, le fleuve de feu roulait à raison de 6 à 15 kilomètres à l'heure; mais, arrivé dans les bas niveaux de la plaine, il se ralentit sensiblement et se concentra en un seul courant large de 300 à 400 mètres qui se précipita dans la mer, près du village de Wainanalii, dont il recouvrit en entier la riante vallée et combla le port. Il n'y a pas moins de 60 kilomètres de distance entre ce point où la lave plongea dans la mer et l'orifice du volcan. Sa marche n'était plus alors que d'une vitesse de 500 mètres à l'heure; mais sa couche roulante représentait une épaisseur de 20 à 25 pieds en hauteur. Elle apparaissait comme une muraille de métal en fusion balayant sur son passage pierres, arbres et tout ce qui lui faisait obstacle.

(Extrait de Dana et Wilkes, Exploring expédition,
et des Journaux d'Honolulu.)

LES TERRES ANTARCTIQUES.

«... La plus grande partie de ce continent, en supposant toutefois qu'il existe, doit être en dedans du cercle polaire, où la mer est si encombrée de glaces qu'elle est inabordable. Le danger qu'on court à reconnaître une côte, dans des mers inconnues et glacées, est si grand, que j'ose dire que personne ne se hasardera jamais à aller plus loin que moi, et que les terres qui peuvent être au sud ne seront jamais reconnues.

Les brumes y sont trop épaisses, les tourmentes de neiges trop fréquentes, le froid trop aigu, tous les dangers de la navigation trop multipliés. L'aspect des côtes, plus horribles qu'on ne peut l'imaginer, accroît encore ces difficultés. Ces régions sont condamnées par la nature à ne jamais sentir la chaleur des rayons du soleil et à rester ensevelies sous d'éternels frimas[1]. »

Ainsi s'exprimait le capitaine Cook, après avoir fait le tour entier du globe, en longeant aussi près que possible la ligne ou, comme disent les marins, la *banquise* des glaces antarctiques.

Il fallait que ce grand navigateur, un des plus mâles courages qui aient jamais bravé l'Océan, eût cruellement souffert dans le cours de cette campagne, qu'il crût bien avoir épuisé toutes les ressources de son sang-froid et de son génie pour oser avancer une pareille assertion. Qui peut assigner des bornes à l'audace de l'homme? quel mortel pourra jamais poser le *nec-plus-ultra* qu'un autre plus heureux ou plus téméraire ne pourra jamais franchir? Cook, d'ailleurs, ne devait-il pas sentir que ses propres efforts, tout inutiles qu'ils avaient été pour la reconnaissance du continent antarctique, n'en faciliteraient pas moins la voie à ses successeurs; que, sans risquer autant que lui, ceux-ci pourraient atteindre des résultats qui lui avaient été refusés, et que le sillage de ses navires laisserait une trace lumineuse dans ces mers inhospitalières?

En effet, soixante-cinq ans plus tard, guidées par cette trace, trois expéditions scientifiques parties des ports de France, d'Angleterre et des États-Unis abordèrent, presque simultanément, à des points différents des

---

1. Cook. *Deuxième voyage.*

terres antarctiques. Écoutons ce que notre illustre Dumont d'Urville, qu eut l'honneur d'y planter le premier drapeau de sa patrie, dit de sa découverte :

« ..... Entre ce qui nous semblait la terre et nous s'étendait une large bande d'îles de glace, de plus en plus nombreuses et plus menaçantes. Bientôt même elles ne formèrent plus qu'une masse effrayante, coupée çà et là de canaux étroits et sinueux. Toutefois je n'hésitai pas à y diriger nos corvettes, qui par moments étaient tellement resserrées entre ces masses flottantes, qu'on pouvait craindre à chaque instant pour elles un choc, un abordage irrémédiable, une pression également funeste. En outre, la mer produisait autour de tous ces écueils flottants des remous considérables qui ne pouvaient qu'entraîner à sa perte un navire qui se fût trouvé un seul instant abrité du vent par ces hautes falaises de glace. C'est en passant à leur base que nous pouvions surtout juger de leur élévation.

« Leurs murailles droites dépassaient de beaucoup nos mâtures ; elles surplombaient nos navires, dont les dimensions paraissaient ridiculement rétrécies, comparativement à ces masses énormes. Le spectacle qui s'offrait à nos regards était tout à la fois grandiose et effrayant. On aurait pu se croire dans les rues étroites d'une ville de géants. Au pied de ces immenses monuments, nous apercevions de vastes cavernes creusées par les flots qui s'y engouffraient avec fracas. Le soleil dardait ses rayons obliques sur d'immenses parois de glace, semblables à du cristal. Il y avait là des effets d'ombre et de lumière vraiment magiques et saisissants. Du haut de ces montagnes de glace s'élançaient à la mer de nombreux ruisseaux, alimentés par la fonte des neiges, qu'activait le soleil de janvier, été de ces ré-

Le mont Érèbe, volcan du continent antarctique.

gions. Il nous arriva souvent de voir devant nous deux glaçons tellement rapprochés, que nous perdions de vue la terre vers laquelle nous nous dirigions ; nous n'apercevions alors que deux murs droits et menaçants qui s'élevaient à nos côtés. Les commandements des officiers étaient répétés par plusieurs échos produits par ces masses gigantesques, qui se renvoyaient de l'une à l'autre les sons de la voix ; lorsque nos yeux se reportaient sur notre conserve, qui nous suivait à petite distance, elle nous paraissait si petite, sa mâture semblait être si grêle, que nous ne pouvions nous défendre d'un sentiment de terreur. Durant près d'une heure, nous ne vîmes autour de nous que des murailles verti cales de glace. Puis, nous arrivâmes dans un vaste bassin formé d'un côté par la chaîne d'îles flottantes que nous venions de traverser, et de l'autre par une terre haute de 1000 à 1200 mètres, à la surface ondulée et bouleversée , bien que partout revêtue d'un épais manteau de glace dont le soleil, dans tout son éclat, faisait ressortir encore l'imposante blancheur. »

De nombreux fragments de roches primitives, arrachés à grand'peine à une paroi dénudée par son escarpement, furent les seules preuves que ce nouveau continent donna à nos marins de son existence. Les Anglais, plus heureux, purent, un an plus tard, constater sur le pourtour d'un de ses golfes, où ils pénétrèrent jusqu'au 78° 30' de latitude, la présence de plusieurs volcans. L'un d'eux, le mont Érèbe, haut de 3750 mètres, phare gigantesque de ces sombres régions où la nuit est de six mois, projetait, par jets continus, une gerbe immense de flamme et de fumée qui montait à plus de 700 mètres dans les airs. Des neiges éternelles couvraient ses flancs jusque sur l'arête du cratère ; mais, quand la fumée se

dissipait par intervalles, el permettait de voir la bouche ignivome entièrement lénudée et brillant d'une
flamme intense dont l'éclat luttait contre celui du soleil
de midi.

Ainsi la nature ne sommeille nulle part : et, jusque
sous la coupole glacée des espaces polaires, l'activité
intérieure de notre planète élabore incessamment de
nouveaux champs de labeurs et de vie pour les générations futures.

(Extrait de Dumont d'Urville, Voyage
au pôle sud et dans l'Océanie.

LES PARAGES ARCTIQUES

L'ÎLE DE JEAN-DE-MAYEN.

... Dix minutes après avoir lâché nos grelins, nous vîmes s'enfoncer et disparaître dans la brume le steamer qui nous avait remorqués jusque-là, et nous étions les seuls habitants visibles de cette mer ténébreuse. Notre propre situation n'était pas sans me causer quelque appréhension. Nous n'avions pas vu le soleil depuis deux jours ; le temps était sombre, la mer lourde, et, après avoir louvoyé deçà et delà au milieu des glaces, comme nous l'avions fait à la suite du steamer, nous ne pouvions compter beaucoup sur notre estime, qui nous plaçait à près de 4 degrés au nord de l'Islande. Le plan qui me parut le meilleur fut de chercher la latitude de Jean-de-Mayen en nous tenant aussi éloignés de la glace que possible, et, aussitôt que nous aurions atteint la parallèle de son extrémité septentrionale, de courir dessus pour y atterrir. Il me parut évident que, si l'île était abordable, ce devait être sur sa côte nord orientale, car, maintenant que nous étions seuls, il ne pouvait être question de traverser en tâtonnant, dans un épais brouil-

lard et sur notre fragile schooner, 100 milles au moins
d'espace glacé.

Ayant réglé la marche du vaisseau conformément à
ce point de vue, je retournai me coucher et achever
mon sommeil interrompu. A midi, le temps s'adoucit ;
et, vers quatre heures, nous courions sur une mer calme,
toutes voiles dehors. Cet état de choses prospère se prolongea pendant les vingt-quatre heures suivantes ; nous
avions alors franchi, depuis que nous étions seuls,
80 milles marins de plus, et je jugeai qu'il était temps
de virer de bord vers l'ouest pour trouver la terre. Heureusement le ciel était assez clair, et, comme nous navi-
guions sur une mer libre d'obstacles, je commençai à
croire sérieusement au succès de nos opérations. Mais,
dès la troisième heure du second jour, des fragments
de glace commencèrent à apparaître çà et là sur la ligne
de l'horizon, puis de larges blocs vinrent flotter autour
de nous, étalant des formes aussi pittoresques que jamais
(l'un d'eux particulièrement ressemblait à une main humaine sortant de l'eau et étendant l'index comme pour
nous avertir de ne pas aller plus loin) ; enfin la surface
entière de la mer parut chargée de masses flottantes
amoncelées sur notre route avec une magique rapidité.

Pendant tout ce temps, nous n'eûmes aucune connaissance de l'île, bien que mon estime ne nous en pla-
çât pas à plus de quelques milles de distance. Bientôt,
pour augmenter le charme de la situation, nous nous
vîmes enveloppés dans un brouillard si épais, qu'à peine
aurais-je pu supposer l'atmosphère capable d'en soutenir un pareil ; il semblait suspendu en massives draperies à nos mâts et à nos vergues. A peine pouvions-
nous, et ceci sans figure de rhétorique, distinguer les
doigts de nos mains. La glace même disparut, à l'excep-

tion des fragments immédiatement voisins du bord et dont la brume ne pouvait éteindre entièrement l'éclat livide, pendant qu'ils décrivaient autour du navire comme une ronde de phosphoriques fantômes. Le calme parfait de la mer et du ciel ajoutait beaucoup à la solennité de cette scène. Tout souffle d'air était éteint; à peine, le long du bordage de cuivre de notre solitaire petit navire, son sillage, d'un demi-nœud à l'heure, gonflait-il une faible ride d'eau; et le seul bruit parvenant jusqu'à nous était un clapotis lointain de vagues heurtant soit quelque grande côte, soit les bords immobiles de la banquise : lequel des deux? c'est ce qu'il nous était impossible de savoir. Pour employer le langage des premiers découvreurs de Jean-de-Mayen : « Par un tel temps, il était plus facile d'entendre la terre que de la voir. »

Ainsi les heures succèdent aux heures sans nous apporter le moindre changement. Autour de moi, on commençait à douter sérieusement de l'existence de l'île, et, quand vint le moment du sommeil, je restai seul à arpenter le pont en long et en large, sondant anxieusement du regard tous les coins et recoins du sombre dais qui nous enveloppait. Enfin, vers quatre heures du matin, il me sembla voir se détendre la rigidité de ses plis. Les lourdes couches de vapeur obéirent à un mouvement de dislocation imperceptible, et, au bout de quelques minutes, la noire et massive voûte s'étant déchirée dans toute son épaisseur, j'aperçus au fond de cette brèche, à des milliers de pieds au-dessus de ma tête, et comme suspendu dans l'azur du ciel, un cône de neige illuminé par le soleil.

Vous pouvez vous imaginer ma joie. C'était réellement celle d'un anachorète entrevoyant un rayon du septième ciel. La montagne si longtemps cherchée était bien celle qui se dressait là, devant nous. Colomb put à peine être plus heureux quand, après de longues nuits de veille, il aperçut, dansant sur la surface des flots, la flamme du premier foyer du nouveau monde ; et il fut à peine plus désappointé, en la voyant disparaître soudainement, que je ne le fus lorsque, après avoir été éveiller mes compagnons en leur criant que nous avions enfin la vue de la terre, je trouvai, en remontant sur le pont, la voûte de brume refermée de nouveau et toute trace de l'éphémère vision disparue. Néanmoins, j'avais mis la main sur l'île, et désormais nul léger motif ne pouvait me faire lâcher prise. Nous n'avions plus qu'à attendre patiemment le lever du rideau, et jamais enfant assis au théâtre devant la toile verte qui lui cache *le royaume d'éblouissante splendeur* promis sur l'affiche, ne fixa sur cette toile des yeux plus ardents que les miens, plongés dans la draperie sombre et immobile qui pesait sur nous. Enfin l'heure de la délivrance arriva, une clarté plus pure parut se répandre graduellement dans l'atmosphère ; le brun tourna au gris, le gris au blanc, et celui-ci au bleu transparent, jusqu'à ce qu'enfin l'horizon masqué reparut complétement, excepté dans une direction où un impénétrable voile de vapeur était encore suspendu, du zénith au niveau de la mer. Derrière ce voile s'étendait Jean-de-Mayen.

Quelques minutes s'écoulèrent encore, puis lentement, silencieusement, sans que l'œil de l'observateur pût s'en rendre compte, les sombres plis de ce voile se colorèrent d'une teinte violacée, et, se soulevant graduellement, découvrirent une longue ligne de côtes, teinte en pourpre foncé et formant en réalité la base du Beerenberg. Obéissant à la même impulsion, les

Vue prise du pic de Jean-de-Mayen.

nuages qui roulaient sur ces sommités se reployèrent et permirent à la montagne d'apparaître dans toute la magnificence de sa taille de 6870 pieds (2100 mètres), entourée d'une mince ceinture de vapeurs perlées, dont les franges flottantes semblaient donner naissance à sept énormes glaciers qui se précipitaient jusque dans la mer. La nature s'était montrée si artiste dans la mise en scène de ce glorieux spectacle, qu'elle en avait fait valoir successivement tous les détails.

Bien qu'ayant abordé le Beerenberg par une de ses faces au lieu de l'accoster par son profil, cet ancien volcan nous parut se rapprocher par sa forme bien plus d'un pain de sucre que d'une aiguille, et, quoique sa base fût plus large et sa cime plus ronde que je ne l'avais pensé, il dépassait cependant de beaucoup en hauteur, en coloris, en effet général, l'idée que je m'en étais fait d'avance. Ses glaciers formaient un élément complétement inattendu de beauté. Imaginez-vous une puissante rivière d'un volume aussi fort que celui de la Tamise, jaillissant des flancs d'une montagne, surmontant tous les obstacles, roulant ses flots en tourbillons, bondissant et se précipitant de terrasse en terrasse en légères cascades d'écume, puis soudainement arrêtée et congelée dans sa course par une puissance si instantanée, que les flocons de l'embrun et les ondulations bouillonnantes de l'écume ont revêtu la rigidité immuable de la sculpture!... A moins d'en avoir été témoin, il est impossible de concevoir l'étrangeté du contraste que présente le calme actuel de ces silencieuses rivières de cristal et la violence fougueuse de leur chute apparente. Il faut se rappeler aussi que tout cela est sur une échelle d'une si prodigieuse grandeur, que, lorsque nous parvînmes plus tard à nous approcher d'un point où, avec l'apparence du Niagara, un de ses glaciers plonge à pic dans la mer, l'œil, incapable plus longtemps d'en saisir le caractère fluvial, dut se contenter de contempler avec stupéfaction ce qui lui apparut alors comme un éblouissant escarpement de glace verdâtre, dominant de plus de 800 pieds la cime des mâts de notre vaisseau.

(LORD DUFFERIN, *Letters from high latitudes*.)

LE SPITZBERG.

... Ce fut à une heure du matin, le 6 août 1856, qu'après avoir battu pendant onze jours la mer houleuse, brumeuse et semée de glaçons, nous jetâmes enfin l'ancre dans les eaux silencieuses de la baie des Anglais, au Spitzberg.

Et maintenant, comment vous donner une idée de l'étrange panorama qui nous entoure? Il me semble pourtant que les caractères les plus frappants de ce nouveau monde sont l'impassibilité, le mutisme et la mort. Tout autour de nous des glaces, des rochers, de l'eau; nul bruit d'aucune sorte ne trouble ce silence, la mer même se tait sur la plage; pas un oiseau, pas un être vivant n'éveille ces solitudes. Le soleil de minuit, à demi voilé par le brouillard, répand une lueur mystérieuse, imposante, sur les glaciers et sur les montagnes. Pas un atome de végétation ne témoigne ici de la vitalité de la terre; un engourdissement universel semble avoir pénétré ces déserts. Je ne pense pas qu'il y ait sur le globe une autre région aussi profondément marquée du cachet de la mort. Dans les jours les plus calmes de l'été, en Angleterre, on peut toujours saisir à travers

Vue des glaciers du Spitzberg (baie des Anglais).

l'atmosphère un souffle, un soupir de la création ; dans le repos de la brise, dans l'immobilité absolue du feuillage, on sent pourtant l'élaboration de la vie. Mais ici, sur les flancs décharnés des collines, on chercherait en vain un brin de gazon ; des roches primitives et des glaces éternelles constituent tout le paysage.

A l'exception peut-être de la baie de la Madeleine, notre ancrage était le meilleur que pût nous offrir toute la côte occidentale du Spitzberg. Ces deux mouillages sont les seuls où l'on ne risque pas d'être pris par la glace avant qu'on ait eu le temps de s'en douter. On cite des points de cette côte de fer où, dans le seul espace d'une nuit, plus d'un bon vaisseau a été ainsi emprisonné et muré pour jamais.

La baie où nous sommes forme un bassin parfait, étant protégée du côté du large par l'île du Prince Charles, longue jetée qui court parallèlement à la terre.

De chaque côté de la baie s'élèvent à cinq cents mètres de hauteur des chaînes de schistes nus, aux flancs escarpés, aux cimes pointues comme une lame de couteau ou dentelées comme une scie. Un énorme glacier comble l'intervalle qui les sépare, descend du fond de la vallée par une pente continue et se précipite dans la mer après avoir contourné comme un torrent un groupe isolé de rochers. La longueur de ce fleuve de glace, entre le point où il fait son apparition et la mer, ne mesure pas moins de trente à trente-cinq milles (48 à 56 kilomètres) : sa plus grande largeur varie de neuf à dix ; mais il déborde à tel point du lit immense qui le contient, que c'est à peine si l'on peut distinguer au-dessus de sa surface les montagnes de l'arrière-plan. La hauteur du précipice qu'il forme sur la mer est, autant que j'en ai pu juger, d'environ cent vingt pieds.

Sur la gauche la vue s'arrête sur un objet encore plus extraordinaire : une sorte de glacier enfant, suspendu à mi-hauteur d'une pente escarpée, comme une larme qui se serait arrêtée dans une ride de la montagne.

J'ai essayé de vous donner une idée de la chute impétueuse des torrents glacés qui sillonnent la surface de Jean-de-Mayen : mais je ne puis trouver une explication pour ce dernier phénomène d'une masse de glace arrêtée dans sa course et penchée sur un abîme où pourrait la précipiter le moindre souffle, le moindre son. Quoique assez exacte pour le dessin et l'effet général, l'esquisse que j'ai faite de cette scène étonnante ne pourra, je le crains, vous donner une notion correcte de l'énorme échelle des distances et des proportions de ses nombreux détails.

Ces glaciers sont les traits principaux des paysages du Spitzberg; le bassin de toutes les vallées de l'île est occupé, on peut même dire comblé par eux. Ils m'ont donné, en quelque sorte, la mesure de ce qu'a été l'Angleterre lors de la période géologique où le Snowdon se souleva à travers les nuages et où chaque vallon du pays de Galles était un lit de glaciers. Mais ceux de la baie Anglaise sont loin d'être les plus grands du Spitzberg. Nous avons vu, à quelque distance, un de ces fleuves glacés qui doit être beaucoup plus étendu. Scoresby en mentionne plusieurs qui mesurent quinze à vingt lieues en longueur, sur trois à quatre de largeur, et présentent à leur point de jonction avec la mer des précipices de quatre à cinq cents pieds d'élévation. Rien n'est plus dangereux que de s'approcher de ces falaises de glaces. De leurs parois de cristal se détachent de temps en temps des masses énormes qui roulent dans

les flots ; malheur à l'infortuné navire qui se trouverait
à portée de ces avalanches. Scoresby lui-même vit de
ses propres yeux un bloc de glace ayant les dimensions
d'une cathédrale se précipiter dans la mer d'une hauteur de quatre cents pieds. Nous-mêmes, pendant notre
séjour dans ces parages, nous avons été témoins de plus
d'un éboulement de cette nature, et il ne se passait pas
d'heure que le solennel silence de la baie ne fût troublé
par de fulminants retentissements de l'atmosphère,
ébranlée par quelque éboulement semblable dans les
vallées voisines...

..... Un peu au nord du point où nous prîmes terre,
je remarquai, couchées sur la grève, d'innombrables
billes de bois flotté. Ce bois est poussé jusqu'ici depuis
les rivages américains par le Gulf-Stream ; et, pendant
que j'allais d'un de ces troncs à l'autre, je ne pouvais
empêcher ma pensée émerveillée de se reporter vers les
forêts primitives où ils avaient crû et aux causes qui les
avaient lancés sur les eaux et pilotés jusque sur cette
plage déserte.

Parmi les dépôts de bois bruts qui frangeaient le rivage, reposaient des épaves et des débris d'un genre
plus lugubre : des épars brisés, un aviron, un mât de
pavillon et des fragments du bordage de quelque grand
navire perdu Çà et là aussi on voyait dispersés des
crânes de walrus, des côtes et des omoplates d'ours,
ossements charriés sans doute par les glaces en hiver.
Un peu plus loin, à demi enterré dans la mousse noire,
s'allongeait un cercueil de bois grisâtre ébréché par les
ans. Le couvercle, disparu, emporté probablement par
les vents, laissait à nu dans son intérieur les os blan-
chis d'un squelette humain. Une croix grossière étendait encore sur eux ses bras mutilés et une inscription

hollandaise à demi effacée rappelait encore le nom et l'âge du défunt; pauvre baleinier du dernier siècle auquel ses compagnons avaient donné la seule sépulture possible sur cette terre pétrifiée par le froid, que le soleil d'été ne peut pénétrer au delà de quelques pouces, et qui n'a rien à offrir à l'homme, pas même un tombeau.

A vingt pieds au-dessus du niveau de la mer cesse toute végétation, si l'on peut donner ce nom à la mousse noire du Spitzberg, et les flancs des montagnes ne présentent que des pentes escarpées d'un schiste nu, dont la surface est incessamment délitée et réduite en poudre par l'action du froid. Chaque pas que nous faisions nous déroulait une série nouvelle de ces pentes hérissées, avec une désespérante uniformité, de chevaux de frise et de casse-cou.

L'ascension de ces montagnes ne peut tenter que ceux qui ont le goût des exercices gymnastiques, car ils ne peuvent imaginer une plus belle et plus périlleuse occasion de se distinguer. Le subrécargue ou propriétaire du premier bâtiment hollandais qui atterrit au Spitzberg se rompit le cou en essayant d'escalader une montagne de l'île du Prince-Charles. Barentz fut sur le point de perdre plusieurs de ses hommes dans une conjoncture semblable, et si Scoresby réussit à faire l'ascension d'une montagne voisine du Horn-Sound, il ne dut de pouvoir redescendre sain et sauf qu'à la précaution qu'il avait eue, en montant, de marquer chacun de ses pas avec de la craie. Le sommet, auquel il ne parvint que par une arête si étroite qu'il ne put la franchir qu'à califourchon, lui offrit une perspective qui semble l'avoir complétement dédommagé de ses peines. Je ne puis vous donner une meilleure idée de l'effet général

du paysage du Spitzberg, qu'en vous faisant connaître
la remarquable page où il décrit ce panorama :

....« La perspective était aussi étendue que gran-
« diose. A l'est, une belle baie encadrée dans les terres
« étendait un de ses bras vers le nord-est, tandis qu'à
« l'ouest la mer roulait à perte de vue ses flots ver-
« dâtres, moutonnés par la brise. Les glaciers dressant
« leurs crêtes aiguës presque au niveau des sommets des
« montagnes entre lesquels ils étaient incrustés, proje-
« taient, de toutes parts, leurs bras vers la côte et vers
« les baies environnantes. Des lits de neige et de glace,
« comblant d'immenses ravines, s'étendaient comme des
« ramifications d'émail sur les vallées adjacentes ; une de
« celles-ci, prenant naissance au pied même de la mon-
« tagne qui nous portait, s'allongeait en ligne continue
« vers le nord aussi loin que l'œil pouvait atteindre,
« tandis que les montagnes s'étageaient les unes derrière
« les autres jusqu'aux bornes de l'horizon. La voûte im-
« maculée d'azur intense qui couvrait ce paysage, les
« rayons éblouissants du soleil qui l'illuminait, tout
« enfin, jusqu'à la pensée du danger que nous courions
« sur cette crête de rocher entourée d'effroyables préci-
« pices, tout contribuait à former un tableau d'une
« étrange sublimité.

« Notre descente ne s'effectua pas sans danger et en
« quelques endroits sans de laborieux efforts. Chaque
« mouvement demandait un travail et un travail réfléchi.
« Ayant, avec beaucoup de peine et quelque anxiété,
« opéré heureusement notre descente jusqu'au plateau
« qui portait le pic, nous prîmes notre chemin par la
« pente la plus rapide et nous la descendîmes très-facile-
« ment *à la ramasse*. Nous avions à traverser jusqu'au
» pied de la montagne une vaste couche de neige

« Comme elle était molle et douce, nous nous y lan-
« çâmes sans la moindre crainte ; mais, au milieu même
« de ce parcours, étant venus à rencontrer une zone de
« glace solide et dure d'environ quatre-vingt-dix mètres
« de largeur, nous en fîmes la traversée avec une rapi-
« dité dont nous n'étions plus maîtres, et qui, bien que
« non suivie d'accidents, ne laissa pas que d'émerveiller
« et d'effrayer beaucoup ceux de nos hommes qui en
« furent témoins, de l'endroit de la plaine où nous les
« avions laissés. »

(LORD DUFFERIN, *Letters from high latitudes.*)

LES FLEUVES

L'AMAZONE.

Le fleuve des Amazones forme, avec le long soulèvement de la chaînes des Andes, le grand trait géographique du continent colombien. Cette mer d'eau douce en mouvement, qui prend sa source à une petite distance du Pacifique et s'unit aux eaux de l'Atlantique par un estuaire mesurant 300 kilomètres de promontoire à promontoire, sert de ligne de partage entre les deux moitiés de l'Amérique du Sud, et, comme un équateur visible, sépare l'hémisphère du nord de celui du midi sur une longueur de 5000 kilomètres environ. Tout est colossal dans cette artère centrale de l'Amérique, qui rend à l'Océan l'immense quantité de pluie et de neige reçue par un bassin de 7 millions de kilomètres carrés, comprenant à la fois les *llanos* de la Colombie, les solitudes inconnues de la Grande-Forêt ou Matto-Grosso, et les sommets des Andes, du 20e degré de latitude sud au 3e degré de latitude nord. Ce fleuve, auquel on a donné, dans les diverses parties du territoire qu'il arrose, les trois noms de Marañon, Solimoens, Amazone, comme s'il se composait de trois fleuves distincts et mis bout à bout, et que dans la partie inférieure de son cours, les

Tapuis appelaient autrefois Paranatingua, le *fleuve roi*, peut offrir à la vapeur, avec ses affluents, ses *furus* ou fausses rivières, ses *igarapès* ou bras latéraux, plus de 50 000 kilomètres de navigation. Il est si profond que les sondes de 50, de 80 et même 100 mètres ne peuvent pas toujours en mesurer les gouffres, et que les frégates peuvent le remonter sur plus de mille lieues de distance ; il est si large qu'en certains endroits on n'en distingue pas les deux bords, et qu'à l'embouchure du Madeira, du Tapajoz, du Rio-Negro et d'autres grands affluents, on voit l'horizon reposer au loin sur les eaux comme si l'on se trouvait en pleine mer. Il reçoit par dizaine des fleuves qui n'ont pas leurs égaux en Europe, et dont plusieurs, encore inexplorés, appartiennent au domaine de la fable. Comme la mer, il est habité par des dauphins ; comme elle, il a ses tourmentes, et lors des grandes marées les trois vagues successives de son *pororoca* se dressent à plusieurs mètres de hauteur ; ses deux bords servent aussi de limites à deux faunes distinctes, et même de nombreuses espèces d'oiseaux n'osent franchir sa large nappe d'eau pour se rendre d'une rive à l'autre. Certes le Mississipi est un fleuve puissant ; mais ce *père des eaux* devrait s'unir à huit ou dix autres aussi considérables que lui pour oser se mesurer avec l'Amazone. Pendant les crues, le Mississipi débite 30 000 mètres cubes d'eau par seconde. Au détroit d'Obidos, qui est la partie la plus étranglée de son lit, le fleuve des Amazones avait le 25 juin 1859, c'est-à-dire à l'époque de la crue, une largeur de 1520 mètres, une profondeur moyenne de 76 mètres, et coulait avec une vélocité de 7600 mètres par heure. Il débitait donc 243 875 mètres cubes par secondes, c'est-à-dire 3250 fois plus que la Seine à l'étiage, et cependant à Obidos il n'a pas encore

Vue de l'Amazone à son embouchure.

reçu le Tapajoz, le Xingu, et ne s'est pas uni à l'énorme fleuve des Tocantins, qui roule certainement autant d'eau que le père des fleuves de l'Amérique septentrionale.

L'Amazone n'est pas seulement le plus grand cours d'eau de notre globe; il est également celui qui arrose les contrées les plus fertiles et les plus riches en produits de toute espèce. L'interminable forêt qui en couvre les bords n'offre pas de clairière; des deux côtés du fleuve, elle dresse en palissade ses troncs pressés comme des épis et droits comme des colonnes, engloutis par la base dans une éternelle obscurité, tandis que le feuillage épanoui des cimes s'étale avidement à la lumière. Des bateaux qui voguent au milieu du courant, on ne peut distinguer aucune forme précise dans ce rempart de végétation; pour se faire une idée de l'immense variété des arbres et des arbustes que gonfle la sève intarissable de la nature tropicale, il faut pénétrer dans un de ces canaux tortueux qui circulent entre les flots des mille archipels semés sur l'Amazone. Penchés au-dessus de la rive, se succèdent les arbres les plus divers, dressant leurs panaches, déployant leurs éventails, développant leurs ombelles de feuilles, balançant au-dessus des flots leurs guirlandes de lianes fleuries. Et que de plantes utiles dans cet immense fouillis de verdure où l'on compte jusqu'à mille espèces appartenant à la famille des papilionacées! Ce sont d'abord vingt-trois sortes de palmiers, toutes bienfaisantes par la sève, l'écorce ou les fruits; puis viennent le cacaoyer, le caféier, le cotonnier, l'oranger, l'arbre à pain, le manguier, le bois de brésil, qui a donné son nom à un empire, le rocou, le cèdre, le jacaranda, le seringa, la salsepareille. A côté de ces plantes connues de tous, il en croît d'autres par centaines qui ne sont pas moins utiles pour l'alimen tation ou la guérison de l'homme, la construction des navires, la confection des meubles précieux et les innombrables besoins de l'industrie.

Terrible par son courant de 4 à 8 kilomètres par heure, le fleuve brésilien ne l'est pas moins par l'intensité de ses crues périodiques. Régulier dans ses allures comme le Nil, il commence à croître vers le mois de février, alors que le soleil, dans sa marche vers le nord, fond les neiges des Andes péruviennes et ramène au-dessus du bassin de l'Amazone la zone de nuages et de pluies qui l'accompagne. Sous l'action combinée de la fonte des neiges et des pluies torrentielles, la crue s'élève graduellement jusqu'à 12 mètres au-dessus de l'étiage; les îles basses disparaissent, le rivage est inondé; les lagunes éparses s'unissent au fleuve et forment de véritables mers intérieures; les animaux cherchent un refuge au haut des arbres, et les Indiens qui habitent la rive campent sur des radeaux. Vers le 8 juillet, lorsque le fleuve commence à baisser, les riverains ont à lutter contre de nouveaux dangers : l'eau, rentrant dans son lit, mine en dessous ses bords longtemps détrempés, les ronge lentement, et tout à coup des masses de terre de plusieurs centaines ou de plusieurs milliers de mètres cubes s'écroulent dans les flots, entraînant avec elles les arbres et les animaux qu'elles portaient. Ces érosions rapides s'opèrent si fréquemment que les arbres de la berge n'atteignent jamais leur développement complet, et les voyageurs qui naviguent sur le fleuve des Amazones ne peuvent apercevoir qu'un petit nombre de ces troncs aux dimensions colossales qu'ils s'attendent à contempler. C'est donc une tentative périlleuse que la culture d'un champ sur la rive, et, sous peine de voir ses défrichements et sa demeure s'abîmer dans

Végétation des rives de l'Amazone.

quelque éboulis, le colon ne peut s'établir près du fleuve sans en étudier d'avance les redoutables allures. Les îles mêmes sont exposées à une destruction soudaine ; quand les rangées de troncs échoués qui leur servaient de brise-lames viennent à céder sous la violence du courant, il suffit de quelques heures ou même de quelques minutes pour qu'elles disparaissent, rongées par le flot : on les voit fondre à vue d'œil, et les Indiens qui s'y étaient installés pour recueillir les œufs de tortue ou sécher le produit de leur pêche, sont obligés de s'enfuir précipitamment dans leurs canots pour échapper à la mort. C'est alors que passent au fil du courant ces longs radeaux de troncs entrelacés qui se nouent, se dénouent, s'accumulent autour des promontoires, s'entassent en plusieurs étages le long des rives. Autour de ces immenses processions d'arbres qui roulent et plongent lourdement sous le poids du courant, comme des monstres marins ou comme des carènes renversées, flottent de vastes étendues d'herbes *cannarana*, qui font ressembler certaines parties de la surface de l'eau à d'immenses prairies. Aussi comprend-on la terreur religieuse éprouvée par les voyageurs qui pénètrent dans le fleuve des Amazones et voient à l'œuvre ces tourbillons, jaunes de sable, rongeant les rivages, renversant les arbres, emportant les îles, pour en reconstruire de nouvelles, entraînant de longs convois de troncs et de branches. « Le grand fleuve était effrayant à contempler, dit l'Américain Herndon ; il roulait à travers les solitudes d'un air solennel et majestueux. Ses eaux semblaient colères, méchantes, impitoyables, et l'ensemble du paysage réveillait dans l'âme des émotions d'horreur et d'effroi semblables à celles que causent les solennités funéraires, le canon tonnant de minute en minute, le

hurlement de la tempête ou le sauvage fracas des vagues
lorsque tous les matelots se rassemblent sur le pont pour
ensevelir les morts dans une mer agitée. »

(ÉLISÉE RECLUS
Revue des Deux Mondes.)

L'ORÉNOQUE.

Aux abords des côtes granitiques de la Guyane, le
navigateur remarque l'embouchure d'un fleuve immense,
qui se répand comme un lac sans rivages et inonde d'eau
douce l'Océan. Verdâtres dans les lits de courants et
blanches comme le lait sur les bas-fonds, les vagues de
ce fleuve contrastent avec le bleu indigo de la mer, qui
trace autour d'elles une limite nettement tranchée. Ce
spectacle fut une révélation pour Colomb, lorsqu'il pé-
nétra dans ces parages pendant son troisième voyage.
Habitué à pénétrer les secrets de la nature, il conclut lo-
giquement qu'un fleuve parcourant une vaste étendue de
terre pouvait seul recueillir et rouler une aussi énorme
masse d'eau et que la contrée qui fournissait cette eau
devait être un continent et non une île. Puis, d'après les
théories scientifiques de son temps, il supposa que ce
continent n'était que le prolongement oriental de l'Asie.
La douce fraîcheur des nuits, alternant avec la chaleur
du jour, la pureté transparente du ciel étoilé, le parfum
balsamique des fleurs qu'apportaient les brises de la
terre, tout fit conjecturer à Colomb qu'il approchait du
jardin d'Éden, séjour sacré du premier homme. Dans le
grand fleuve qui débouchait devant lui et que les géo-
graphes, peu d'années après, appelèrent Orénoque, il
crut voir un des quatre cours d'eau qui, selon les tradi-

L'Orénoque pendant les hautes eaux.

tions vénérables répandues sur l'enfance du monde, sortaient du *Paradis* pour féconder et partager la terre, parée de fleurs nouvellement écloses.

Bien que n'occupant que le troisième rang parmi les fleuves de l'Amérique méridionale, l'Orénoque, large encore de plus de 5000 mètres à deux cent cinquante lieues de son embouchure, roule une masse d'eau supérieure à celle de n'importe quel fleuve d'Europe et n'a de rival dans aucun continent pour le charme pittoresque de ses bords.

Par le delta que forment ses nombreux canaux en aboutissant à la mer, par la régularité de ses crues périodiques, par la multitude des crocodiles énormes qui l'habitent, l'Orénoque offre plusieurs traits de ressemblance avec le Nil. L'un et l'autre fleuve précipitent pendant longtemps leurs eaux torrentielles à travers les forêts, entre des montagnes de granit et de siénite, jusqu'à ce que, bordés par des rivages sans arbres, ils s'écoulent lentement dans une plaine presque horizontale. En outre, comme celles du fleuve africain, les sources de l'Orénoque n'ont été jusqu'à ce jour visitées par aucun Européen, ni même par aucun indigène en communication avec des Européens. Ajoutons que les eaux de l'Orénoque ont encore, comme celles du Nil, près de Philé, la propriété remarquable de colorer en noir les masses granitiques d'un blanc rougeâtre qu'elles lavent depuis des milliers d'années. Dans le haut du fleuve, de longues lignes noires et comme tracées au cordeau marquent sur les rochers de la rive le niveau des crues annuelles. Bien plus, des lignes pareilles et des excavations noirâtres, creusées dans ces mêmes rochers à 50 et 60 mètres de la surface actuelle des eaux, témoignent de l'ancien niveau du fleuve. Leur existence nous apprend, ce que du reste un observateur attentif peut remarquer dans tous les lits de rivières, que les courants dont la grandeur éveille aujourd'hui notre admiration ne sont que de faibles restes des énormes masses d'eau qui existaient dans les siècles antéhistoriques.

L'Orénoque, dont le bassin forme une grande spirale, appartient à ces singuliers cours d'eau dont l'embouchure se retrouve, après un grand nombre de flexions et de détours, presque dans le même méridien que leur source. A partir de ses montagnes natales jusqu'au Guaviare il coule vers l'ouest comme s'il cherchait l'océan Pacifique. Arrivé à la base du mont Duida, il se bifurque et envoie vers le sud un bras, le Cassiquiare, peu connu en Europe malgré les particularités qu'il présente, et qui, se réunissant au Rio-Negro, va grossir avec ce dernier fleuve les eaux de l'Amazone, exemple unique d'une bifurcation formant au centre même d'un continent une jonction naturelle entre les bassins de deux grands fleuves.

Dans cette partie du cours de l'Orénoque, le sommet du Duida domine de deux mille sept cents mètres l'un des plus magnifiques paysages que présente le monde des tropiques. La pente méridionale du mont est une prairie sans arbres. L'air humide du soir y est embaumé du parfum des ananas, dont les tiges, gonflées de sève, se détachent au milieu des plantes moins élevées qui revêtent le sol, et dont les fruits dorés brillent au loin sous une couronne de feuilles d'un vert bleuâtre. Çà et là de hauts palmiers en éventail forment des groupes solitaires, ils indiquent les endroits où de la roche couverte d'un tapis de verdure jaillissent des sources d'eau vive, tandis qu'au delà du fleuve se déroule et s'enfonce sous l'horizon du midi, pendant des milliers et des milliers de kilomètres, l'immense forêt équatoriale dont l'Amazone et ses plus grands affluents arrosent et entretiennent l'immuable verdure.

L'Orénoque coule ainsi le long de la pente méridionale des monts Parimes jusqu'à son confluent avec le Guaviare que lui envoient les Andes lointaines de Cundinamarca. Dès lors il se détourne brusquement vers le nord, et, se faisant jour au travers même de la montagne, il forme les cataractes d'Atures et de Maypures. Toute cette partie de son cours, resserrée par des masses de rochers gigantesques, porte les traces d'un bouleversement qui rappelle l'état du chaos. Enfin, à partir de sa rencontre avec l'Apure, il s'infléchit encore et court désormais vers l'Orient, séparant les forêts impénétrables de la Guyane des savanes colombiennes sur lesquelles semble se reposer la voûte du ciel, dans un lointain qui échappe aux regards.

Dès lors la masse fluviale roule vers la mer, libre de toute entrave, et les navigateurs n'ont plus à redouter sur sa large surface que les écueils flottants formés par les arbres que les grandes eaux déracinent et enlèvent aux forêts du rivage; couverts de plantés aquatiques en fleurs, ils font l'effet de prairies, et rappellent les jardins flottants des lacs de Mexico.

Quant aux cataractes de Maypures et d'Atures, elles ne consistent pas, comme le saut du Niagara, dans la chute en bloc d'un fleuve tout entier précipité d'un haut escarpement. Elles apparaissent comme un amas innombrable de cascatelles qui se succèdent, superposées les unes aux autres en forme de gradins. Le *Raudal,* c'est le nom que les Espagnols donnent à cette espèce de cataracte, se compose d'un véritable labyrinthe d'îlots et de rochers, si pressés, si multipliés, que dans le lit du fleuve, large pourtant de huit mille pieds, il ne reste souvent pas un étroit passage pour la pirogue vide d'un Indien. Au sommet de la courbe que l'Orénoque décrit autour du cap arrondi où repose entre des blocs de granit le village de Maypures, il y a un point d'où l'on découvre un horizon merveilleux; l'œil embrasse une surface écumante de plus de deux lieues d'étendue. Du milieu des flots s'élèvent des rochers noirs comme le fer et semblables à des tours en ruine. Chaque île, chaque pierre, est ornée d'arbres chargés de rameaux vigoureux. Un épais nuage flotte constamment au-dessus du cristal des eaux, et, à travers cette vapeur d'écume, s'élancent les hautes cimes des palmiers *mauritia*. Lorsque, le soir, les rayons ardents du soleil viennent à se briser dans le nuage humide, il se produit des jeux de lumière d'un effet magique, et des arcs colorés dont les images vaporeuses flottent au gré des airs, s'arrondissent, s'évanouissent et reparaissent tour à tour.

Dans le lit même du fleuve, sur le dos nu des rochers, les eaux murmurantes ont amassé, pendant la saison des pluies, des îles de terre végétale. Ornées de mélastomes et de drosères, de fougères et de petites mimoses au feuillage argenté, ces îles forment autant de corbeilles de fleurs au milieu des roches âpres et désolées. Chez l'Européen qui a vu les Alpes, elles réveillent le souvenir de ces blocs de granit appelés *courtils* ou jardins, et qui élèvent isolément au milieu des glaciers leur surface gazonnée et fleurie.

À l'entrée méridionale du Raudal d'Atures, sur la rive droite du fleuve, est située la caverne d'Ataruipe, dont la célébrité s'étend au loin chez les Indiens. Tout autour la contrée présente un caractère grandiose et sévère qui semblait destiner cette caverne à devenir un tombeau national. Il faut, pour l'atteindre, gravir avec peine, et non sans danger de rouler au fond d'un précipice, un mur de granit, taillé à pic. Je doute qu'il fût possible de fixer le pied sur cette surface nue et glissante si l'on ne trouvait pour s'aider, de grands cristaux de feldspath, qui forment sur le rocher une saillie d'un pouce et bravent les influences atmosphériques.

A peine a-t-on atteint le sommet du rocher, que l'on est surpris du vaste tableau que déploie la contrée environnante. Du lit écumeux du fleuve s'élèvent des collines chargées de forêts ; de l'autre côté, par delà la rive occidentale, l'œil se repose sur l'immense prairie du Méta. A l'horizon apparaît, comme un nuage menaçant, la montagne d'Uniama. Tel est le spectacle que l'on découvre au loin ; auprès de soi, au contraire, tout est resserré et désert. Des vautours et des engoulevents, à la voix croassante, volent solitaires dans les sillons profonds de la vallée ; leur ombre mobile glisse sur les flancs nus du roc et disparaît rapidement. Le ravin est entouré de montagnes, dont les sommets arrondis supportent d'énormes blocs de granit qui n'ont pas moins de quarante à cinquante pieds de diamètre; ces blocs paraissent ne toucher que par un point la base sur laquelle ils reposent: on dirait que le plus léger ébranlement du sol va les précipiter dans l'abîme.

La partie la plus éloignée de la vallée est couverte d'un bois épais. C'est dans ce lieu ombragé que s'ouvre la caverne d'Ataruipe, qui est moins, à vrai dire, une caverne, qu'une voûte profonde, formée par la saillie d'un rocher, une espèce de baie qu'ont minée les eaux lorsqu'elles atteignaient à cette hauteur. Là, est le tombeau d'une race éteinte. Nous y avons compté environ six cents squelettes bien conservés; ils sont renfermés dans un nombre égal de corbeilles tressées avec les nervures des feuilles de palmiers. Ces corbeilles que les Indiens appellent *mapires*, forment des espèces de sacs carrés, dont la dimension varie suivant l'âge des morts. Les enfants morts en naissant ont leurs *mapires* distincts. Les squelettes sont si intacts qu'il n'y manque ni une côte ni même une phalange.

Il existe une tradition chez les Indiens Guareças, d'après laquelle les courageux Atures, pressés par des Caraïbes anthropophages, se réfugièrent dans les rochers des Cataractes, séjour lugubre où périt toute la race, sans laisser de traces de la langue qu'elle avait parlée. Dans la partie la plus impraticable du Raudal se trouvent d'autres cavernes également remplies d'ossements. Il est à supposer que la dernière famille des Atures ne s'est éteinte que longtemps après ; car à Maypures, chose bizarre, vit un vieux perroquet que personne ne peut comprendre, disent les naturels, parce qu'il parle la langue des Atures.

« .... Hélas ! les enfants qui lui ont appris les sons de leur langue maternelle, et les femmes qui l'ont élevé, qui ont bâti son nid de leurs mains.

« Tous, frappés par la mort, sont étendus sur le rivage ; ses cris inquiets n'ont pu réveiller personne.

« Seul il appelle, et dans ce monde, désormais étranger, nul ne peut comprendre sa voix. Il n'entend que le bruissement des eaux ; pas une voix amie ne répond à la sienne.

« Le sauvage qui l'aperçoit sur le fleuve rame à coups redoublés pour atteindre le rivage. Personne n'a vu sans frissonner le perroquet des Atures. »

Nous quittâmes avec une impression de tristesse ce

tombeau d'une race éteinte. C'était par une de ces nuits sereines et fraîches qui reviennent si souvent sous les tropiques. Le disque de la lune, entouré d'anneaux colorés, brillait au zénith; elle éclairait l'extrémité du brouillard aux contours nettement accusés qui couvrait comme un nuage le fleuve écumant. D'innombrables insectes répandaient sur la terre couverte de plantes une lumière phosphorescente et rougeâtre; le sol resplendissait d'une flamme vive, comme si toute la voûte étoilée se fût abaissée sur la prairie. Des bignonias grimpants, des vanilles parfumées et des banistérias aux fleurs d'or décoraient l'entrée de la grotte ; au-dessus du tombeau bruissaient les cimes des palmiers. Ainsi meurent et disparaissent les races humaines ! ainsi s'efface le bruit qui se faisait autour de leur nom ! Mais si toutes les fleurs de l'esprit se flétrissent, si le temps emporte dans ses orages les œuvres du génie créateur : toujours du sein de la terre jaillit une vie nouvelle. La nature féconde développe sans cesse ses rejetons ; elle ne s'inquiète pas de savoir si l'homme, race implacable, ne détruira pas le fruit avant sa maturité.

(Extrait de HUMBOLDT,
Tableaux de la Nature.)

LE GANGE.

Profond de quinze mètres, au moins, devant les gradins des quais de Bénarès, même dans la saison sèche, le Gange offre déjà le volume et l'aspect du Danube dans les plaines de la Hongrie. Comme le fleuve allemand, il n'est jamais limpide, ayant englouti dès Allahabad, dans les eaux fangeuses qu'il reçoit du Sirinagur et du Rohilcund, le cristal bleu d'azur de la Jumna. Si puissant que soit son cours à Bénarès, il ne donne pourtant pas l'idée de ce qu'il est quand, grossi des tributs de la Gogra, du Soane et du Gunduk, il se précipite avec une vitesse de deux ou trois lieues à l'heure, entre des rives espacées par un intervalle de six à huit mille mètres. Dès lors, et à cent cinquante lieues de son embouchure, on ne peut plus lui trouver de termes de comparaison parmi les fleuves de l'Europe.

On conçoit avec quelle puissance une si grande masse d'eau animée d'une telle vitesse doit dégrader les masses incohérentes d'alluvions qui forment ses bords. Aussi de longues files de bancs de sable mobiles indiquent, à droite et à gauche, les changements annuels du chenal principal, qui n'est jamais parallèle aux rives du fleuve. Sur ses rives, la présence d'une population nombreuse se révèle, à chaque tour de roues du steamer, par des flottilles de barques de toute espèce glissant sur les eaux ou échouées sur les sables, par des groupes de tamarins ou de pipeuls cachant sous leur épaisse ramure des villages entiers, tandis qu'à quelque distance s'élèvent les murailles d'un bazar ou les flèches d'une pagode, et que, de loin en loin, un blanc pavillon, entouré d'un jardin riant, d'un vert boulingrin et de confortables servitudes, indique la demeure d'un résident européen.

Parfois, des débris de palanquin ou de couchette, épars sur la grève, annoncent que quelque Indou, à bout de jours ou de santé, est venu chercher dans les flots du Gange la route de l'éternité. Il n'est pas rare non plus de voir de jeunes filles descendre aux bords du fleuve, rêveuses et portant des fleurs dans une feuille de bananier. Elles posent doucement sur l'eau cette frêle nacelle et la regardent fuir avec le courant, attachant à son sort

Rives du Gange, près de Patna.

des craintes et des espérances. Si l'offrande augurale chavire en peu d'instants, elles s'éloignent avec des larmes dans les yeux; si elle surnage jusqu'à perte de vue, elles reprennent le chemin du foyer maternel avec un sourire aux lèvres et dans le cœur.

Au delà de Patna, l'apparition des montagnes qui avoisinent la rive droite change le caractère du paysage. Il gagne en grâce sans rien perdre de sa grandeur. Qu'on s'imagine un vaste tapis de verdure, tout couvert de troupeaux, entrecoupé par des champs de céréales et d'indigo, par des villages populeux, bien construits, sous de magnifiques massifs d'arbres au feuillage lustré, aux formes étranges, et tout au fond du tableau la chaîne abrupte des monts Curruckpour, dernier gradin des monts Vindhyas. Cela rappelle les plus belles vues du Palatinat, mais avec des palmiers de plus, un fleuve quatre ou cinq fois plus grand que le Rhin, et une création animée d'une puissance et d'une variété inconnues aux climats européens. Tout autour de l'observateur, des multitudes de petits poissons, mus comme par un ressort secret, s'élancent entièrement hors de leur élément pour devenir dans un élément nouveau la proie des mouettes et des sternes du Gange qui les épient. Des bandes de tortues et de marsouins se roulent dans les flots bouleversés par leurs grossiers ébats, dont la brusquerie contraste avec la lenteur du lourd alligator, séchant au soleil de la rive son dos verdâtre et écailleux, pendant que son museau d'ichthyosaure hume l'air à la surface de l'eau. Mais c'est surtout au lever et à la chute du jour que la scène s'anime de mouvements, de bruits et d'apparitions. Le chien paria vient en hurlant dans les relais de la rive demander sa curée à quelque cadavre échoué dans le sable, tandis que non loin de lui, debout sur une patte et la tête enfoncée dans les épaules, l'argala, ce géant de l'ordre des échassiers, attend patiemment son tour. Un bel oiseau fuit rapidement à travers le crépuscule : c'est l'oie brahmanique, hôte de la solitude, à laquelle il a été condamné pour avoir troublé jadis le sommeil d'un dieu. Tous les autres palmipèdes, au contraire, s'abattent le soir sur la grève, ou s'envolent au matin en troupes innombrables. Ce bruit qui s'élève des lagunes et des bas-fonds, ce clapotis des eaux marécageuses, sous les roseaux violemment ébranlés, ces étranges battements d'ailes, vous annoncent le voisinage des pélicans ; ils pêchent en eau trouble et ne se livrent pas au sommeil avant de s'être lestés d'un copieux souper. Presque aux mêmes heures, d'autres êtres plus élevés sur l'échelle de la vie, des hommes, des femmes, des enfants et des animaux serviteurs de l'homme, des vaches nourricières, des bœufs de trait, des troupeaux de chèvres, des chevaux, des chameaux quelquefois, et çà et là des éléphants, apparaissent sur les bords du fleuve, remontent ou descendent son cours, se plongent avec ardeur dans ses eaux, puis s'en éloignent, les humbles quadrupèdes désaltérés et rafraîchis, les orgueilleux enfants de Manou purifiés et sanctifiés.

(Extrait de l'Inde contemporaine.)

CHUTES ET CATARACTES

..... Au moment de partir pour un voyage d'exploration dans l'intérieur de la Sénégambie, je me trouvai arrêté par le débordement du fleuve. Les terres, dans une immense étendue, étaient couvertes de plusieurs mètres d'eau. Les rives du Sénégal, dont l'élévation est en certains endroits de 7 à 8 mètres, avaient partout été franchies. Les villages qui bordent le fleuve, les postes militaires de Richard-Toll, Dagana, Bakel, établis dans des lieux choisis, pour échapper aux débordements ordinaires, étaient complétement noyés ; le pays ressemblait à une vaste mer.

Saint-Louis même ne fut pas épargné, et bientôt il ne resta de sec que la Place du gouvernement. Les rues étaient devenues des rivières ; dans les principales, les communications avaient lieu à l'aide de planches posées, en manière de trottoir, sur des pieux plantés le long des maisons ; ailleurs, on allait et venait dans des chaloupes, des canots, des pirogues, voire même des charrettes traînées à bras par des nègres.

C'était un spectacle si étrangement nouveau, qu'on oubliait volontiers les craintes qui agitaient les habi tante, pour ne penser qu'aux bizarres nécessités de la situation. Il est, en effet, peu commun de héler, pour sortir de chez soi, un bateau qui vient vous prendre dans votre chambre à coucher et qui accoste à votre balcon ; encore moins est-on dans l'usage de pêcher des carpes par les fenêtres de son salon. On trouvait aussi dans cette scène de désolation une inépuisable source de rêveries et d'extases. Je garderai longtemps le souvenir du tableau magique qui s'offrait à l'œil, de dessus les terrasses, par ces belles nuits étincelantes d'étoiles, si remplies de charme pour qui sait en comprendre la poétique beauté, et dont le Sénégal n'est pas plus déshérité que les autres contrées tropicales.

Des milliers de feux scintillaient dans les eaux ; les ombres déformées des maisons semblaient de noirs géants, agités de mouvements convulsifs ; un souffle de la brise, la respiration d'un poisson, le déplacement d'un atome, en plissant l'onde, changeaient, brouillaient, rompaient l'image qui, bientôt, se reformait plus capricieuse pour devenir, l'instant d'après, confuse et incertaine encore. L'œil ébloui se fermait sous le mobile éclat de cette riche lumière, la pensée s'envolait vers les régions fantastiques révélées par Hoffmann. Il y avait dans ce mirage quelque chose de sublime comme l'œuvre de Dieu, d'effrayant, de terrible comme une page du Dante. Le solennel silence de la nuit, la liberté de se laisser conduire à ce monde de chimères, seul et sans craindre la sotte réflexion d'un fâcheux, donnait un indicible attrait à cette contemplation. Le charme était bien vif, car je me le rappelle, j'ai plus d'une fois, oubliant l'heure, maudit le chant monotone et le bruit cadencé des pileuses, qui venaient annoncer le matin en préparant le couscou du déjeuner.

Chute de Félou (Sénégal)

..... A 160 kilomètres en amont du confluent de Falémé, une chaîne de hauteurs coupe perpendiculairement du sud au nord le bassin du Sénégal, près du village de Médina, bâti sur la rive gauche, et célèbre par le siége héroïque qu'une poignée de Sénégalais y soutint en 1857 contre toutes les forces d'Al-Hadji le prophète. On gravit, par une pente douce, un des flancs de la montagne; cette pente conduit à un plateau très-étendu sur lequel on parvient en franchissant des assises naturelles, symétriquement superposées. Du sommet on aperçoit un très-beau paysage, et, dans le sud, un groupe de palmiers bifurqués (*pandanées*), indiquant l'emplacement d'un ancien village. On marche sur ce plateau, dont la surface est aussi polie que l'asphalte des boulevards, durant quarante minutes, et on se trouve tout à coup sur le bord du fleuve et sur la table de la cataracte de Félou.

Nous étions en route depuis deux heures quarante-cinq minutes, quand nous mîmes pied à terre sur les roches arénacées qui barrent le fleuve. Chaque pas nous découvrait des perforations profondes et de formes variées. Le niveau supérieur des eaux du Sénégal était alors au-dessous de la partie élevée de la cataracte ; l'eau filtrait au travers des masses de grès et s'échappait, en bouillonnant, par des trouées pratiquées dans leur épaisseur ; on ne voyait rien encore, mais on entendait le bruit de plusieurs chutes.

Nous parcourûmes une grande partie de la table de la cataracte, franchissant des précipices sans fond, séparés par des roches couvertes d'herbes aquatiques qui les rendaient glissantes comme la glace. Vers le milieu à peu près du barrage, qui peut avoir 450 à 500 mètres d'étendue, on découvre le niveau inférieur du Sénégal à 40 mètres environ au-dessous du niveau supérieur. Le plan presque vertical sur lequel les eaux se répandent dans leur chute est semé d'énormes blocs de grès posés très-irrégulièrement et présentant mille figures bizarres. Lorsque les eaux couvrent la cataracte, ce doit être un spectacle bien grandiose.

Il faudrait passer plusieurs jours à examiner les formes étranges que les eaux ont données aux roches facilement attaquables de Félou, et dans lesquelles de petits cailloux de quartz rouge, qu'on aperçoit par fragments au fond des trous, ont fait l'office de foret et de ciseau. On y voit des figurines de toutes sortes, étonnantes, capricieuses; on voit aussi des dessins en creux, non moins dignes de fixer l'attention; tantôt ce sont des cathédrales en miniature, des Prométhées, des Laocoons, des chevaux, des hommes et des animaux sans nom; tantôt d'antiques sarcophages, des baignoires gothiques et des empreintes de pieds humains. Ces merveilles ont exercé l'imagination des nègres et donné naissance à une foule de légendes.

Il y a des trous creusés avec une perfection que l'homme ne pourrait dépasser à l'aide de ses plus ingénieuses machines, et il n'est pas rare de trouver à ces trous un diamètre constant dans une profondeur de deux à trois mètres. Souvent ils communiquent entre eux au moyen de vastes galeries creusées en dessous; quelquefois c'est par leur surface qu'ils se rejoignent, et la communication est établie par de longues lames de pierres aiguisées comme des haches tranchantes. En certains endroits on marche sur de véritables ponts jetés d'un trou à l'autre, et dont la longueur a souvent plusieurs mètres; dans d'autres, on sent la couche de grès fléchir sous les pas et résonner comme si l'on mar-

chait sur la chaudière d'une machine à vapeur. Les fil-
trations et le travail des fragments de quartz ont miné
en dessous la roche, et ce sont les parties affaissées successivement qui en ont découpé la surface.

(Extrait d'A. RAFFENEL, Voyage dans
le pays des nègres.)

MOSI-AO-TOUNYA, OU LES CHUTES DU ZAMBÈSE.

... « Avez-vous vu dans votre pays de la fumée qui
gronde et bruit comme le tonnerre? » Telle est l'une
des premières questions qu'adressent à l'étranger les ri
verains du haut Zambèse. Bien rarement, cependant, ils s'approchent de leur plein gré de la cataracte à laquelle ils font allusion par ces mots. La plupart même ne l'ont vue qu'à distance, et, frappés des
nuages de vapeurs et du fracas qui s'en élèvent, ils se
sont écriés: « *Mosi-oa-tounya*, la fumée tonne là-bas. »
Persuadé que cette cataracte était inconnue aux Européens avant ma visite, j'ai usé du droit de la baptiser,
accordé à tous les découvreurs, et je l'ai appelée du
nom de *Victoria*.

... Après avoir navigué pendant vingt minutes, depuis Kalaï, nous apercevons les colonnes de vapeur
très-justement appelées *fumée*, et qui, à la distance où
nous sommes, environ 8 ou 10 kilomètres, feraient
croire à l'un de ces incendies d'une vaste étendue de
pâturages, que l'on voit souvent en Afrique. Ces colonnes sont au nombre de cinq et cèdent au souffle du
vent; elles paraissent adossées à un banc peu élevé dont
le sommet est boisé. De l'endroit où nous nous trouvons,
le faîte de ces colonnes va se perdre au milieu des nuages; elles sont blanches à la base et s'assombrissent dans

le haut, ce qui augmente leur ressemblance avec la fumée qui s'élève du sol. Tout le paysage est d'une beauté indicible ; de grands arbres, aux couleurs et aux formes variées, garnissent les bords du fleuve et les îles dont il est parsemé ; chacun a sa physionomie particulière, et plusieurs d'entre eux sont couverts de fleurs ; le massif baobab, dont chaque branche formerait le tronc d'un arbre énorme, se déploie à côté d'un groupe de palmiers dessinant leurs feuilles légères sur le ciel, où elles tracent des hiéroglyphes qui signifient toujours « loin de ta patrie, » car ce sont elles qui impriment au paysage son caractère exotique. Le mohonono argenté, qui, dans cette région, est pareil, pour la forme, au cèdre du Liban, fait un heureux contraste avec le sombre motsouri, taillé sur le patron du cyprès, et dont la teinte brune est rehaussée par des fruits écarlates. Quelques-uns de ces arbres ressemblent à nos grands chênes ; il en est d'autres qui rappellent nos ormes séculaires et nos vieux châtaigniers : néanmoins personne ne peut se figurer la beauté de ce tableau d'après ce qui existe dans nos climats. Jamais les regards des Européens ne l'ont contemplé : mais les anges doivent s'arrêter dans leur vol pour l'admirer d'un œil ravi. Des collines de 100 à 130 mètres de hauteur, couvertes d'arbres qui laissent apercevoir entre eux la nuance rutilante du sol, bornent la vue de trois côtés. Il ne manque au paysage que des cimes neigeuses se confondant avec l'horizon.

A 800 pas environ de la cascade, je change de canot pour en prendre un beaucoup plus léger, dont les rameurs habiles me font passer au milieu des tourbillons et des écueils, et me conduisent à une île située au bord de la rampe où les eaux viennent tomber. La ri-

Chute du Zambèse.

vière est basse et nous permet d'atteindre un lieu qu'il est impossible d'approcher lorsque les eaux sont grandes : mais, bien que nous ne soyons plus séparés de l'abîme que par une très-faible distance, personne, je le suppose, ne pourrait voir l'endroit où cette masse d'eau va s'engouffrer. La lèvre opposée de la fissure où elle disparaît n'est pourtant qu'à quelques mètres de nous. Je gravis avec émotion la rampe du précipice, je regarde au fond d'une déchirure qui traverse le Zambèse d'une rive à l'autre, et je vois un fleuve de 1000 mètres de largeur, à qui le sol manque tout à coup et qui se trouve comprimé, à une centaine de pieds plus bas, dans un ravin de 15 à 20 mètres de large. L'abîme est tout simplement une rupture d'une longue chaussée de basalte, qui, après avoir croisé le lit du fleuve, se prolonge au nord du Zambèse à travers une chaîne de montagnes, sur un espace de 12 à 16 lieues. Figurez-vous, immédiatement au delà du tunnel de Londres, des collines boisées s'étendant jusqu'à Gravesend ; supposez une couche de basalte à la place du terrain fangeux de la capitale de l'Angleterre ; imaginez une fissure d'un bout à l'autre du tunnel ; donnez à cette crevasse une longueur de 6 à 7 myriamètres, à son ouverture un écartement de 25 à 30 mètres à peine ; représentez-vous la Tamise se précipitant tout entière au fond du gouffre, où elle se détourne et bondit en rugissant à travers les collines qui se déploient à sa gauche, et vous aurez une idée approximative du spectacle le plus saisissant que j'aie contemplé en Afrique. Si l'on regarde au fond de l'abîme du côté de la rive droite, on ne distingue rien qu'un nuage épais dont la masse blanche, à l'instant où je la regarde, est entourée de brillants arcs-en-ciel ; de ce nuage s'élève un jet de vapeur de 100 mètres de haut ; à cette éléva-

tion la vapeur se condense, devient fuligineuse et retombe en une pluie fine qui a bientôt fait de transpercer
mes habits ; elle est surtout sensible de l'autre côté de
la fissure ; à quelques mètres de l'abîme se dresse un
rideau d'arbres verts dont les feuilles sont mouillées
perpétuellement ; une quantité de petits ruisseaux par-
tent de leurs racines et vont se jeter dans le gouffre
béant ; mais la colonne de vapeur, qu'ils rencontrent
dans leur chute, les enveloppe dans son tourbillon, les
fait retomber avec elle, et jamais ils n'atteignent le fond
de l'abîme, où ils retombent sans cesse.

A gauche de l'île, on peut suivre des yeux la masse
écumante du fleuve se dirigeant vers les collines, et
mesurer du regard la hauteur de la falaise d'où il se
précipite. Les deux murailles de cette crevasse gigantesque sont perpendiculaires et formées d'une masse homo-
gène ; l'eau, en coulant sur la roche, en a usé le bord à
1 mètre d'épaisseur et l'a dentelé comme une scie ; l'a-
rête opposé est demeurée vive, excepté·du côté gauche,
où l'on aperçoit une fente, et d'où un quartier de roche
paraît vouloir se détacher ; mais la crevasse elle-même
se trouve encore dans l'état où elle a dû être à l'époque
où elle s'est formée. La roche est d'un brun sombre,
jusqu'à trois mètres au-dessus du fleuve, endroit où elle
est décolorée par les eaux qui s'élèvent chaque année à
cette hauteur à l'époque des inondations. De l'endroit où
je suis placé, on voit parfaitement la masse d'eau quitter
son lit, tomber au fond du gouffre, en nappe aussi
blanche que la neige, se briser en fragments, si je puis
parler ainsi, et lancer des jets d'écume de chacun de ses
éclats, absolument comme les tiges d'acier que l'on brûle
dans l'oxygène produisent des gerbes d'étincelles : on
dirait une myriade de comètes neigeuses précipitant dans

l'abîme leur chevelure rayonnante. Je n'ai jamais vu qu'on ait signalé nulle part cet aspect singulier.

... Ramené vers ces mêmes chutes cinq ans plus tard, j'ai pu, le 28 novembre 1860, me livrer à une étude plus minutieuse des détails de ce grand phénomène.

La rivière était si basse cette fois que je pus apercevoir le fond de la moitié de la fissure où s'engouffre toute la masse de ses eaux. En effet, on pouvait passer à gué de la rive septentrionale sur l'île d'où je l'avais observée en 1855. J'ai pu reconnaître que la profondeur du précipice, au lieu d'être de cent pieds, est au moins de trois cent dix, que la largeur du fleuve au moment où il se précipite, au lieu d'être, comme je le pensais en 1855, de neuf cent dix mètres, est en nombre rond de 1692. Le sextant nous a donné quatre-vingts pieds pour l'écartement des lèvres de la fissure, et une pierre lancée à travers n'atteignait pas le but. Nous avons ensuite examiné la partie sud-est de la fente, qui, vue de l'endroit le plus élevé, rappelle la forme de la lettre L par ses sinuosités à angles droits. L'eau du fleuve, tombant d'un seul jet de cent mètres de hauteur dans ce gouffre en zigzag, est rejetée violemment d'une anfractuosité à l'autre, tourbillonne et rebondit. Les promontoires formés ici par les lèvres de la crevasse ont le sommet plat, et sont du même niveau que la rivière au-dessus des chutes. Les collines de la rive droite ne sont qu'à quatre cents pas de la fente de la cataracte, et celles de la rive gauche à environ cent cinquante. Leurs flancs lui sont perpendiculaires; on peut côtoyer à l'ombre des bois et découvrir de plus d'un cap avancé la rivière coulant, avec une teinte verte, à trois ou quatre cents pieds plus bas, dans un chenal large à peine de vingt à trente yards (18 à 27 mètres). En somme, les cataractes de Victoria sont une des plus étonnantes choses du monde. Même à l'époque des plus basses eaux, il y a encore une nappe liquide de huit cents pieds de développement tombant sur la droite de Garden-Island. Ajoutez à cela les colonnes de vapeur suspendues au-dessus des eaux tombantes, le soleil se jouant au milieu d'elles comme dans un prisme et les couronnant d'un magnifique arc-en-ciel, et vous aurez l'idée d'un spectacle digne d'être contemplé. Il en est peu sur notre globe de comparables à ces chutes de Victoria, le Mosi-oa-tounya des riverains du Zambèse.

(Extrait de LIVINGSTONE,
Explorations dans l'Afrique australe.)

LA CATARACTE DU NIAGARA.

Au centre de l'Amérique du Nord, cinq lacs immenses, restes de quelque mer des temps antérieurs à l'homme, épanchent de l'ouest à l'est la masse de leurs ondes, par quatre détroits, longs, étroits, profondément resserrés, comme des écluses, entre des murailles de rochers. Le plus oriental de ces bosphores d'eau douce porte le nom de Niagara. Creusé entre le lac Érié et le lac Ontario, il est traversé vers le milieu de sa longueur par un barrage de roc perpendiculaire de cent quarante-quatre pieds de haut, d'où s'élancent toutes les eaux issues des quatre lacs supérieurs.

« ... Depuis le lac Érié jusqu'au saut, le fleuve arrive toujours en déclinant par une pente rapide; et, au moment de la chute, c'est moins un fleuve qu'une mer, dont les torrents se pressent à la bouche béante d'un gouffre. La cataracte se divise en deux branches, et se courbe en fer à cheval. Entre les chutes s'avance une île, creusée en dessous, qui pend, avec tous ses arbres, sur le chaos des ondes. La masse du fleuve, qui se précipite au midi, s'arrondit en un vaste cylindre, puis se déroule en nappe de neige, et brille au soleil de toutes les couleurs : celle qui tombe au levant descend dans une ombre effrayante ; on dirait une colonne d'eau du déluge. Mille arcs-en-ciel se courbent et se croisent sur l'abîme. L'onde, frappant le roc ébranlé, rejaillit en tourbillons d'écume qui s'élèvent au-dessus des forêts, comme les fumées d'un vaste embrasement. Des pins, des noyers sauvages, des rochers taillés en forme de fantômes, décorent la scène. Des aigles, entraînés par le courant d'air, descendent en tournoyant au fond du gouffre, et des carcajoux se suspendent par leurs longues queues au bout d'une branche abaissée, pour saisir dans l'abîme les cadavres brisés des élans et des ours [1]. »

A l'époque où l'auteur d'*Atala* vint visiter les grandes cataractes, c'était encore une aventureuse entreprise que de se frayer un chemin dans le lacis infréquenté de la forêt immense qui leur servait de rempart et de cadre... Aujourd'hui tout cela est bien changé ; le courant des visiteurs qui s'épanche annuellement vers les fameuses chutes semble aussi abondant que celui de leurs ondes.

Sans doute, ainsi que l'ont affirmé des écrivains de la génération qui nous a précédés, on pouvait jadis, dans le double silence de la nuit et de la forêt vierge, saisir à plus de dix milles de distance les sourds mugissements de la cataracte. Mais aujourd'hui les hurlements des machines à vapeur, voguant, glissant dans toutes les

1. Chateaubriand, *Génie du Christianisme.*

directions, les sifflets des chauffeurs, les vociférations et les cris des camionneurs et des cochers, les clameurs et les murmures sans nombre et sans trêve s'élevant des fermes, des usines et des maisons de campagne alignées tout le long du fleuve, forment un concert où se perd à distance, comme dans l'orchestre d'une académie impériale de musique, la voix du grand artiste que l'on voudrait entendre. En outre, sur la rive américaine, une ville, une vraie ville sous le nom de village, couvre de ses rues longues, droites et larges, de ses six églises et de ses douze élégantes hôtelleries, le plateau rocheux d'où se précipite le fleuve. L'antique forêt, la forêt vierge a été métamorphosée en jardins dessinés avec plus ou moins de goût, en tapis de gazons bien peignés, bien veloutés, en corbeilles de fleurs rares. Enfin les nombreuses usines, les scieries, les papeteries, établies le long des chutes mêmes, dont une portion détournée par une prise d'eau a été consacrée à l'industrie, font penser involontairement au cheval Pégase, empêtré d'indignes harnais et soumis à la cravache d'un maquignon, au fouet d'un charretier. Au reste, les âmes naïves qu'émeut encore le spectacle de la nature, la sainte poésie de la terre, doivent se féliciter de pouvoir contempler le Niagara tel qu'il est aujourd'hui, car, s'il était entré dans l'esprit de quelque industriel spéculateur de le diviser, subdiviser et détailler en étangs et mares de parcs, en ruisselets et jets d'eau de parterres ou même en bocaux à poissons rouges, il l'aurait fait.

A peine descendu à l'hôtel Clifton, bâti en face du fleuve, je montai au belvédère, d'où l'on aperçoit dans toute leur étendue les deux sections de la cataracte, qui appartiennent, l'une aux États-Unis, l'autre au Canada.

Chute du Niagara.

La première présente une ligne droite de trois cent vingt mètres de développement, tandis que la seconde, longue de six cents, se contourne et se creuse en fer à cheval. Par ses deux larges brèches ouvertes dans une digue rocheuse, taillée à pic, se précipite tout le trop-plein du lac Érié, masse liquide évaluée mathématiquement à quatre-vingt-dix millions de mètres cubes par heure, ou, si l'on aime mieux, à 250 000 hectolitres par seconde. Le substantif Niagara, une transformation du mot iroquois Ognakarra, signifie *l'eau qui tonne*. On ne pouvait trouver une plus juste dénomination.

Devant un tel spectacle la première impression est la stupeur, et l'homme, incapable d'analyser ce qu'il éprouve, a besoin d'un peu de temps pour observer les détails de ce vaste ensemble. Quel peintre, quel musicien, quel écrivain en pourrait rendre l'effet saisissant! Les merveilles de la nature éveillent en nous simultanément une foule de sensations complexes. La plume peut à peine noter l'une après l'autre chacune de ces impressions, qui se fondent et s'harmonisent pour exalter notre admiration. En face du spectateur s'élèvent des rochers rougeâtres, dont la couleur fait ressortir les brillantes teintes de la masse liquide. Verdâtre à son sommet, celle-ci est veinée, un peu plus bas, de filets d'argent, puis se perd dans l'abîme en avalanches d'écume neigeuse. L'île de la Chèvre (Goat-Island) se trouve au milieu des deux chutes qui semblent à chaque instant devoir l'entraîner dans leurs impétueux tourbillons. Bien qu'elle résiste, grâce à ses puissantes assises, il s'en détache quelquefois des quartiers de rochers qui roulent dans les insondables profondeurs du fleuve. Une couronne de végétation apparaît seule au sommet de l'île, et surmonte les nuages épais qui du sein de l'abîme s'élèvent parés des étincelantes couleurs de l'arc-en-ciel, tandis que du fond du gouffre bouillonnant monte en roulement de tonnerre la voix de la cataracte qui célèbre les grandeurs de sa propre création.

Au-dessous des chutes le fleuve sombre et profond roule entre deux hautes murailles rocheuses dont les interstices nourrissent toujours une puissante végétation. Mais au milieu de ces rameaux, dont une constante humidité entretient la verdure, ne cherchez plus les scènes qu'y vit l'auteur d'*Atala*. Le fleuve aujourd'hui vous réserve d'autres étonnements. Cette grande ligne noire, qui court devant vous dans le bleu du ciel, c'est le pont suspendu qui unit les deux rives du Niagara: œuvre gigantesque du génie américain, luttant de grandeur avec la nature, en face d'une de ses plus puissantes manifestations. Ce pont se compose de deux tabliers superposés, à huit mètres d'intervalle. L'un, celui d'en bas, est destiné aux piétons et aux voitures, l'autre est réservé aux convois des chemins de fer dont plusieurs lignes se croisent en ce lieu. En traversant cette voie aérienne qui se balance au-dessus des flots mugissants du Niagara à une élévation plus grande que celle dont la croix du Panthéon domine le pavé des rues environnantes, il me semblait que j'étais ballotté dans l'espace et cette sensation vertigineuse doit augmenter beaucoup quand, sur le tablier supérieur, un train de wagons vient à passer à toute vapeur. J'avoue qu'après m'être avancé jusqu'au milieu de ce pont, c'est à dire jusqu'à 125 mètres de chaque rive, je me hâtai de revenir sur mes pas, et je remis avec plaisir le pied sur le sommet des rochers qui bordent le fleuve.

Le lendemain, car il faut plus d'un jour pour bien étudier les chutes, un petit bac me conduisit sur la rive américaine au plus haut sommet qui domine le fleuve. Moyennant une légère rétribution, un char mû par un mécanisme vous épargne même la fatigue de cette ascension et vous transporte, commodément assis, au-dessus de la cataracte qui se présente de profil, tandis que sous vos pieds mêmes un large torrent couvre d'écume la cime des rochers et se précipite en frémissant dans l'abîme.

Un peu au-dessus de la cataracte, les Américains ont établi un pont donnant accès sur l'île de la Chèvre. Ce passage serait effrayant, sans les petits îlots de rochers qui, semblables à des sentinelles avancées, sont postés au bord du précipice. Les mêmes spéculateurs en *scénery* ont percé les bois de l'île de gracieuses allées tournantes, où à chaque pas sont ménagés de jolis points de vue sur les rapides formés en amont des chutes. Les bords de cet impétueux torrent et quelques îlots qu'il ronge incessamment offrent l'image de la lutte des éléments et sont jonchés de troncs d'arbres déracinés. La carcasse d'un navire brisé sur les rochers ajoute à l'effet de ce tableau de destruction. Tous ces flots agités semblent hâter leur course vers l'abîme.

Un des sentiers de l'île, tracé, moitié sur les écueils, moitié sur les pilotis dont la base n'est autre que les rochers parsemés au milieu des rapides, aboutit à une tour d'une quinzaine de mètres élevée sur le bord même de la chute canadienne. De la plate-forme de ce monument, l'œil plonge dans le gouffre formé par cette partie de la cascade, connue sous le nom de *fer à cheval*. Les énormes nappes d'eau qui s'y précipitent, en se heurtant presque à angle droit, rejaillissent en tourbillons d'écume et projettent dans les airs des nuages de vapeurs brillamment irisées par le soleil. On est là au milieu du tonnerre des ondes; il semble que le roc est ébranlé et que la tour va, avec ses fondations, s'écrouler dans le gouffre tourbillonnant. On est en proie au double prestige de l'extase et de l'admiration.

Ce n'est pas tout: un long escalier adossé aux parois de *Goat-Island* conduit au pied même de la cataracte; là, sur une saillie de la roche, toujours mouillée d'écume, une hutte a été construite, semblable au nid de quelque oiseau des mers, et dans cette hutte un homme se tient tapi. A ma vue il se dresse et me propose une excursion dans la cataracte même. Comme je ne suis pas venu là pour refuser cette étrange proposition, il jette sur moi un vêtement complet en caoutchouc, puis marche devant moi. Des gradins, fragiles et glissants, s'enfoncent sous la voûte liquide; nous descendons avec précaution, et le guide m'avertit de tenir ma main devant ma bouche, car sans cette précaution il serait impossible de respirer au milieu des nuages de vapeur d'eau qui tourbillonnent autour de nous. Une masse de cristal verdâtre s'arrondit en arche devant nous et laisse à peine tamiser, dans ses couches liquides, une douteuse clarté, à l'aide de laquelle nous suivons un sentier le long des rochers dont la paroi s'incline sur nos têtes. Nous cheminons ainsi dans un couloir de pierre et d'eau, où l'on ne peut rien distinguer, où tout autre son que le fracas épouvantable de la chute des ondes ne saurait se discerner.

Enfin, nous atteignons une petite anfractuosité du roc, où l'air, emprisonné et refoulé sans cesse par l'irrésistible colonne d'eau de la cataracte, s'agite en violents tourbillons, ce qui a valu à cet enfoncement le nom de grotte des Vents. Accroupis dans cette étroite retraite, nous respirons à pleins poumons, et pendant quelques minutes nous plongeons du regard dans le ridcau liquide, épais de six à huit mètres, scintillant et sombre tout à la fois, qui se précipite par-dessus nous A quelques pas de là, comme j'avançais toujours, le guide m'arrêta sur le bord même d'un ressaut de rocher, formant un précipice que nul encore n'a sondé.

En revenant à la lumière et au grand air, le guide me donna, comme il est d'habitude de le faire, un certificat imprimé, constatant cette excursion que je ne conseillerai à personne ; car un éboulement, un faux pas, ou même la chute d'une petite pierre peuvent la terminer de la façon la plus tragique.

Dans ce couloir sous-marin, le visiteur a toujours à redouter un de ces éboulements qui ont déjà plusieurs fois modifié l'aspect des chutes du Niagara. On a vu de nos jours des masses considérables se détacher de l'une et l'autre rive. Le fleuve, en effet, lime sans cesse la surface du rocher d'où il se précipite, et les tourbillons de la cataracte en creusent incessamment la base.

Les géologues assurent que la chute recule d'une manière sensible, et se rapproche du lac Érié. Ils ont constaté que la ligne de ses rochers se trouvait jadis près de Lewiston, en vue de l'Ontario. Peut-être, un jour, la digue qui sépare les deux lacs, diminuant toujours d'épaisseur, disparaîtra complétement et leur laissera confondre les niveaux aujourd'hui si différents de leurs eaux.

Outre les écroulements, le Niagara tient en réserve, pour ses visiteurs, d'autres dangers, dont de nombreuses légendes locales n'attestent que trop la réalité. Entre ces pointes de roches noires qui percent la nappe verte des ondes, à l'angle même de leur chute, un pauvre pêcheur, entraîné dans son batelet par le courant, est resté suspendu un jour et une nuit, agonisant sur l'abîme, hors de la portée de tout secours humain. Il y serait mort de froid ou de faim, en vue des deux rives, si une lame furieuse, le soulevant enfin, ne lui avait procuré une mort plus facile. Ici, où la chute récente de la *table du Roc* a ouvert une large brèche dans la paroi de la rive américaine, une jeune fille s'est penchée naguère pour cueillir une fleur entrevue dans une fissure du rocher ; fleur et jeune fille ont roulé ensemble dans le gouffre. Là-bas, sur cet amas de blocs où les arbres du rivage et la poussière d'eau des chutes entretiennent une ombre et une humidité constantes, un jeune couple, marié de la veille, se tenait un jour, ne songeant guère au péril. L'épouse, la main passée dans la main de l'époux, voulut atteindre une saillie de rocher, dangereux piédestal couvert de mousse humide…. Elle glisse, entraînant avec elle dans la mort celui auquel elle venait de consacrer sa vie.

Il y a encore à craindre, pour les organisations nerveuses, impressionnables, la *fascination de l'abîme*, non moins réelle que celle que le serpent exerce sur sa victime. Un de mes guides me raconta à ce sujet le fait suivant, dans lequel il avait été tout à la fois acteur et témoin.

Il avait conduit une dame et sa fille, créature charmante, sur un des points accessibles les plus plongés dans la *fumée des eaux*, et la romanesque jeune fille debout sur la crête du précipice, ses cheveux et ses vêtements flottant au vent, paraissait tellement absorbée dans la contemplation de la scène sauvage qui s'étendait sous ses pieds, que le guide alarmé, la saisissant par le bras, lui fit remarquer qu'elle s'exposait gratuitement à un grand danger.

« Oh ! répondit-elle en souriant, il n'y a point de danger, même si je me précipitais là-bas. Pensez-vous que je puisse me blesser dans ces couches d'impalpable rosée? Je flotterais au milieu d'elles comme un ballon. Mère! je veux essayer de m'envoler! »

La mère épouvantée et le guide se hâtèrent d'entraîner en arrière, mais non sans difficulté, la jeune visionnaire, qui ne fut pas plutôt arrachée à sa terrible extase qu'elle s'affaissa sur le sol et fondit en larmes.

(Extrait de L. DEVILLE,
Tour du Monde, 1861.)

GROTTES ET CAVERNES

MAMMOTH'S CAVE. — LA GROTTE DU MAMMOUTH.

Au centre du Kentucky, la rivière Verte, un de ces délicieux cours d'eau qui arrosent les riches cultures de cet État, serpente sous les épais ombrages de superbes forêts de hêtres, entremêlés, de distance en distance, de groupes de noyers, de chênes, d'ormes et de frênes qui marquent, dans le paysage, les deux rives de la rivière jusqu'à son confluent avec l'Ohio. Au pied d'un des coteaux calcaires qui encadrent ce riant bassin, s'ouvre, à 110 kilomètres droit au sud de Louisville, une fissure à demi voilée par les festons que le puissant revêtement de verdure, étalé sur le sommet de la colline, projette le long de son humide et rocheuse paroi.

Cette fissure est l'entrée de la grotte du Mammouth, la plus vaste des excavations naturelles de l'écorce terrestre que l'homme ait encore explorées.

.... En avant de ce péristyle, dont les dimensions et la forme sont loin de laisser pressentir les merveilles auxquelles il conduit, se tiennent, d'habitude, des nègres munis de lampes de mineurs. Ce sont les guides attitrés des 30 ou 40 kilomètres de routes souterraines déjà reconnues dans ce sombre dédale. On m'avait re-

Une perspective dans Mammoth's cave

commandé un de ces pauvres noirs, du nom de Mat, esclave et père de famille, qui comptait sur le produit de son industrie pour racheter sa liberté et celle de sa femme et de ses enfants.

Je ne marchandai pas avec ce brave homme, et, une de ses lampes à la main, je descendis sur ses pas 50 ou 60 marches humides, et me trouvai dans une galerie haute et large d'une vingtaine de mètres, baptisée d'un grand nom, du nom du naturaliste Audubon. A part cette circonstance, son sol uni et l'exploitation de sal-pêtre dont elle a été le théâtre au commencement de ce siècle, elle n'a de remarquable que sa longueur qui mesure bien 1000 mètres. Elle aboutit à une grande salle appelée la *Rotonde*, de laquelle rayonnent un grand nombre de corridors. L'un d'eux, dit le grand vestibule, conduit par une pente assez rapide dans une salle de près de 100 mètres de pourtour, et dont la voûte s'é-lève en nef immense. Sa forme, sa grandeur, les étranges stalactites qui la décorent, lui ont valu le nom d'*Église gothique*.

En effet, entre les colonnades d'albâtre que les infil-trations des eaux chargées de calcaire et de silice y ont élevées, on distingue des stalles et même une chaire, où, dit-on, plus d'un ministre protestant est venu prê-cher l'Évangile. L'auditoire, muni de flambeaux, devait rappeler les réunions des premiers chrétiens dans les Ca-tacombes.

Grâce aux effets de lumière produits par les torches sur les stalactites, et l'imagination aidant, toute l'orne-mentation d'un temple, autel, bénitiers, candélabres, toute la bizarre fantaisie de la sculpture du moyen âge se reproduit ici sous les yeux fascinés. On croit même voir au-dessus de l'autel un orgue magnifique, flanqué de statues drapées, dans différentes attitudes, sur de larges piédestaux.

En sortant du temple, on entre dans l'*avenue gothique*, qui n'est pas moins riche en ornements et en aspects illusoires. De là, on arrive, après de nombreux détours, à la chambre des *Revenants*, ainsi dénommée d'après les momies indiennes qu'y découvrirent les premiers visiteurs, et qui provenaient sans doute d'une de ces tribus primitives dont les ossements sont les seuls vestiges de leur passage sur la terre. Ce cimetière d'une race éteinte est, chose étrange, la partie la plus animée et la mieux éclairée de tous ces souterrains. Les femmes des guides y ont établi des buvettes, où l'on trouve des rafraîchissements et même des journaux. C'est là le rendez-vous des cénobites qui habitent les cellules d'alentour; car Mammoth's cave a des hôtes permanents : valétudinaires, infirmes et surtout poitrinaires, sur lesquels l'atmosphère salpêtrée de ces souterrains exerce une salutaire influence, à ce que prétendent les Esculapes du pays.

A partir de ce point, Mat me fait descendre plusieurs échelles et passer sur un pont de bois, qui semble d'une vétusté peu rassurante. Dès qu'on l'a franchi, on s'engage dans le *labyrinthe*, chemin fort étroit et contourné plusieurs fois sur lui-même. Puis la voûte s'abaisse tellement, qu'il faut marcher sur les pieds et sur les mains. C'est le *chemin de l'humilité;* on ne peut lever la tête sans la frapper contre le rocher, aussi les plus fiers la portent-ils ici aussi humblement que possible. Au sortir de ce défilé, nous atteignons *Devil's chair*, le fauteuil du diable, sorte de balcon, accolé à une paroi à pic, la paroi de *Bottomless pit*, l'abîme sans fond; à travers une ouverture, taillée dans le rocher en forme de fenêtre, mon

Bottomless pit. — Abîme sans fond.

guide me fait avancer la tête. Les lumières de nos lampes, projetées en avant, nous laissent entrevoir sous nos pieds un noir précipice béant; mais c'est tout. Pour me donner une idée de sa profondeur, Mat fait d'énormes cornets en gros papier imbibé d'huile, il les enflamme, puis les abandonne à eux-mêmes. Je vois alors ces cornets descendre en tournoyant dans le vide, et répandre des lueurs rougeâtres sur le diamètre du gouffre; mais, avant d'en atteindre le fond, ils s'éteignent entièrement consumés. Nous élevons les torches au-dessus de nos têtes, pour apercevoir la hauteur du dôme; mais sa voûte se perd dans les ténèbres. La paroi rocheuse de l'abîme, où, sans doute, s'est précipité jadis quelque vaste cours d'eau souterrain, aujourd'hui disparu, forme le fer à cheval; c'est en miniature la reproduction fidèle du croissant de la cataracte du Niagara.

Plus d'une sombre légende se rattache au *Bottomless pit*. Chaque guide a la sienne qui, généralement, tient plus de la fable, ou du roman, que de l'histoire réelle. Mais celle que le pauvre Mat me raconta à voix basse et en s'assurant, à chaque mot, que nul autre que moi ne pouvait l'entendre, est malheureusement intimement liée aux réalités du monde contemporain.... C'est un simple épisode de cette vieille et hideuse institution de l'esclavage qui tarde tant à mourir sur le sol des États-Unis! Quelques semaines avant ma visite en ce lieu, deux esclaves fugitifs de l'Alabama, s'efforçant de gagner les États du Nord, étaient venus, la nuit, demander un asile temporaire à Mammoth's cave, dans l'espoir de s'y tenir cachés assez longtemps pour faire perdre leur trace aux sbires envoyés à leur poursuite. Hélas! on ne met pas facilement en défaut les chasseurs d'hommes, aidés qu'ils sont, presque toujours, dans leur tâche diabolique par

l'instinct carnassier de limiers féroces, dressés spéciale-
ment à la *quête* du nègre. Aussi, peu d'heures après que
les pauvres fuyards se furent blottis dans un recoin des
grottes, la meute avide, attachée à leur piste, donnait
de la voix à l'entrée de la caverne et annonçait à ses
dignes piqueurs la présence de la proie cherchée.

Alors fut organisée, et bientôt commença, dans les
mille replis du sombre labyrinthe, une chasse nouvelle,
une chasse aux flambeaux, à laquelle ne manquèrent ni
les cors, ni les cris, ni l'assistance empressée de nombreux *gentlemen* du voisinage, propriétaires ou éleveurs
de bétail humain. Cette poursuite acharnée se prolongea
tout un jour; enfin, les deux fugitifs, traqués de couloir
en couloir, de crypte en crypte, furent poussés dans la
galerie qui aboutit à *l'abîme sans fond*. Là, ayant derrière eux les fers et les tortures, et devant eux la mort,
ils n'hésitèrent pas. Aux hurlements des dogues furieux,
à l'*hallali* des pourvoyeurs de chair humaine, ils répon-
dirent par un cri de défi. A la lueur des torches projetée
de leur côté, leurs persécuteurs les aperçurent debout,
se tenant par la main, dans l'embrasure ouverte sur le
Bottomless pit, puis, presque instantanément, ils les
virent se précipiter dans l'abîme, si profond, que la
chute de ces malheureux n'y retentit même pas. —
« Monsieur, ajouta Mat en terminant son récit, j'y ai
filé un jour une corde de 300 yards (270 mètres), et n'ai
rencontré que le vide ! »

.... A force de monter, puis de descendre tour à tour,
nous arrivons sous le dôme géant (*Mammoth dome*),
qui a 130 mètres de hauteur et couvre un espace immense de sa vaste coupole. Malgré les grands feux de
papier huilé que nous allumons, il nous est impossible
d'apercevoir le faîte de celle-ci. Il disparaît dans de

profondes ténèbres. Un homme est bien petit en comparaison de ces grandioses merveilles de la nature. La moindre pierre se détachant de la voûte et tombant sur un voyageur, pendant qu'il la contemple, mettrait fin pour toujours à son extatique curiosité. Cette réflexion me fait promptement gravir le sentier glissant qui mène presque au sommet du dôme.

A peu de distance, je remarquai une voûte en pierre noirâtre et parsemée de substances brillantes. « Nous sommes dans la *chambre étoilée*, observa Mat, attendez un instant, je vais vous faire voir une spectacle auquel, malgré tous vos voyages, vous n'avez probablement jamais assisté. » Ce disant, le guide se glissa derrière un large pilier de roc, et sur un fond sombre commencèrent à briller plusieurs milliers de diamants. Les yeux fixés sur cette voûte, je crus bientôt apercevoir le firmament avec ses myriades d'étoiles étincelantes. Mais tout à coup la lumière disparut, et je retombai dans la plus profonde obscurité. Pendant que j'exprimais mon admiration, Mat me proposa d'assister au lever de l'aurore, puis à la tombée de la nuit. Une douce lumière se projette alors faiblement le long de la caverne, elle grandit et fait successivement apparaître les étoiles, puis elle se retire lentement et mille feux brillent à la voûte céleste. Ce diorama naturel peut lutter de vérité et d'effet avec tout ce que l'art a jamais produit de plus surprenant en ce genre.

Nous nous dirigeons de là vers les plages de la mer Morte (*Dead sea*), et devant un petit bassin à peine large de 8 ou 10 mètres, je dois avouer que les Américains font un trop fréquent abus des noms pompeux. Bientôt nous trouvons un large cours d'eau qui nous barre le passage. Ce fleuve souterrain s'appelle le Styx.

Je monte dans la grossière barque de Caron, mon noir nautonier pousse quelques cris et les voûtes résonnent au loin ; on dirait les gémissements des âmes en peine condamnées à ces ténèbres éternelles. Nos lumières répandent des teintes rougeâtres sur les roches qu'elles profilent d'une façon étrange, pendant que sur l'eau du Styx tout émaillée de brillants reflets tranche vigoureusement la silhouette du nègre. Ce spectacle étrange me jetait dans des réflexions singulières, lorsqu'un bruit épouvantable retentit soudain dans la caverne. On eût dit un immense éboulement. Ce n'était toutefois qu'une surprise de Mat, qui montrait ses dents blanches en riant aux éclats. Tandis qu'absorbé dans mes rêveries contemplatives j'oubliais sa présence, il était descendu à terre, et, en frappant à coups redoublés sur une pièce d'étoffe, il avait éveillé ce fracas d'échos qui venait d'interrompre en sursaut le cours de mes réflexions ; je ne pus me fâcher contre lui, car il m'avait procuré une sensation, que je n'oublierai pas de longtemps.

Après une demi-heure de navigation nous mettons pied à terre et foulons un sable fin, qui forme le fond de la rivière pendant les hautes eaux. On distingue parfaitement les traces incontestables de leurs différents niveaux. Voici plus loin une petite source sulfureuse, puis l'avenue de Cleveland, dont les parois semblent couvertes de charmantes fleurs d'une délicatesse extrême. Cette observation est faite par tout le monde, sans en excepter les voyageurs les plus prosaïques. Cette avenue aboutit à la salle de bal, aux murailles de neige (*Snow ball room*) ; l'enduit brillant qui les recouvre est effectivement d'une éclatante blancheur. Des chemins tour à tour larges ou étroits, unis ou escarpés, nous conduisent de là aux montagnes Rocheuses (*Rocky*

Navigation sur lo Styx.

mountains), où il faut sans cesse gravir d'énormes quartiers de roche détachés de la voûte. A travers leurs aspérités et de larges fissures, qui semblent présager d'autres éboulements considérables, on parvient enfin à la grotte des fées (*Fairy grotte*), où, de toute part, les stalactites rangées en immenses colonnades forment d'élégants arceaux d'un aspect vraiment féerique. De tous côtés suinte l'eau; de tous côtés l'on entend tomber les gouttelettes dont la chute sonore retentit dans ces ténébreuses retraites. Au fond même de la salle on remarque un groupe imitant la cime d'un immense palmier. Les branches gracieusement inclinées semblent sculptées dans un bloc d'albâtre oriental. Au sommet de ce gracieux ensemble, jallit une source, créatrice séculaire de tous ces dépôts calcaires, qui brillent du reflet de nos torches. La lumière promenée dans les vides laissés entre ces formations sédimentaires en fait ressortir toute la transparence. Les délicats arceaux, ornés de franges bizarrement découpées, qui s'étendent au-dessus de la tête des voyageurs, peuvent figurer à leurs yeux une élégante tonnelle de marbre blanc. Aussi, les touristes donnent-ils à ce singulier groupe le nom de palmier, ou de tonnelle merveilleuse, suivant leurs appréciations particulières.

La grotte des Fées, située à une des extrémités de la caverne se trouve à 16 kilomètres de son ouverture.

Je ne regagnai pas celle-ci sans une sorte d'impatience fébrile; j'avais passé dix heures dans ces souterrains, et le souvenir de la chasse infernale dont ils avaient été le théâtre naguère m'en gâtait les merveilleuses beautés. J'avais besoin de revoir le jour et le ciel, et je les saluai avec bien-être.

Quand je remis le pied sur la surface du sol, la lumière et le paysage me parurent empreints d'un charme particulier, dû, peut-être, en partie, au contraste des ténèbres où je venais de vivre preque tout un jour. Mais c'était en effet une bien belle soirée. Le clair azur des cieux était sans voile. La brise, chargée de parfums, courait sur la terre comme une caresse. Sous la feuillée, les petits oiseaux modulaient leurs chants les plus doux, et des nuées d'insectes tourbillonnaient et dansaient dans les rayons du soleil incliné sur l'horizon du couchant. De ce côté, les grands bois déroulaient leurs majestueux rideaux de verdure jusque vers les beaux rivages de l'Ohio, tandis que, vers l'est et le sud, leurs cimes ondoyaient par-dessus les pentes légèrement inclinées de la plaine. Sur chaque clairière, se dressait une blanche habitation, souriant dans la pleine abondance d'une moisson d'été. Tout autour d'elle les arbres de ses vergers inclinaient vers la terre leurs branches chargées de fruits ; nonchalamment couchés dans l'herbe épaisse, les troupeaux ruminaient lentement, calmes et reposés, comme s'ils eussent savouré eux aussi les beautés de la scène dont ils faisaient partie, et le fermier, contemplant le tout, semblait frappé d'extase devant les inépuisables largesses de la nature.... Oh ! pourquoi la tache hideuse de l'esclavage s'étendait-elle sur cet homme et sur ce paradis ?...

(Extrait de L. DEVILLE,
Tour du Monde, 1863.)

LA GROTTE DE FINGAL.

Sur la côte occidentale de l'Écosse, devant l'embouchure du Linnhe-loch, l'île de Mull étend sa surface âpre et rugueuse, dont les rudes paysages diffèrent peu de ceux qu'offre au touriste la double péninsule d'Ardnamurchan et de Morven, dont elle n'est en quelque sorte que l'appendice géologique.

Très-irrégulière dans son contour, formant une ligne pleine et presque droite le long de l'étroit chenal qui la sépare de ces terres légendaires, où planent les souvenirs de Fingal et d'Ossian, l'île de Mull présente, au contraire, du côté de l'ouest, une vaste échancrure, où viennent s'engouffrer les longues lames du large. Au centre ¡de cette brèche, ouverte dans ces rivages démantelés, quelques îlots sont encore debout, comme ces piliers isolés qui marquent, dans les carrières, la hauteur primitive de la voûte disparue. Staffa, l'un d'eux, a depuis longtemps fixé l'attention des géologues, des peintres et des poëtes. C'est un bloc volcanique de 2500 mètres de tour, — à la surface de lave que les siècles ont recouverte d'un épais gazon, et aux flancs de basalte où les flots rongeurs ont creusé de nombreuses cavernes. A la plus remarquable de toutes et par ses dimensions et par l'harmonie de ses proportions et de ses ornements, la tradition a attaché le nom de Fingal.

Elle s'ouvre sur la mer, par un véritable portique de 22 mètres d'élévation, flanqué à droite et à gauche d'une rangée régulière de colonnes basaltiques et surmonté, comme d'un fronton, par un entablement de lave d'une trentaine de pieds d'épaisseur.

« Le premier sentiment qu'inspire la régularité de tout ce que l'on voit est que l'on entre dans un édifice taillé par la main de l'homme; cette longue voûte élevée dans une proportion élégante, ces colonnes droites, ces angles rentrants et saillants dont les arêtes sont si pures, tout semble indiquer que le ciseau d'artistes habiles s'y est exercé, car cette grotte n'est point basse comme les cavernes ordinaires, et on n'y distingue aucune pierre, aucun fragment qui ne soit prismatique, c'est-à dire parfaitement et régulièrement taillé. On ne peut mieux comparer cette voûte profonde qu'à une grande église gothique dont la nef présenterait deux rangées de colonnes qui auraient été brisées et transportées tout debout, mais ayant des hauteurs inégales, à la droite et à la gauche de l'édifice noirci par les flammes. Le fond de la grotte est fermé et obscur comme le chœur d'une église. Sur les deux côtés s'élèvent et se prolongent, en lignes parfaitement droites, deux grands murs composés de colonnes prismatiques hautes à peu près de 50 pieds: ces colonnes présentent entre elles, de loin en loin, quelques renfoncements de 3 à 4 pieds de profondeur au plus, et se succèdent ainsi dans une longueur de 140 pieds jusqu'au fond du souterrain: là se trouvent de plus petites colonnes prismatiques d'un seul jet, qui se groupent et forment pour ainsi dire, le chœur d'une église où serait placé un jeu d'orgues noirci par le temps. Ces prismes ont de 1 à 3 pieds de diamètre; ils sont d'un noir de jais, les uns triangulaires, d'autres quadrangulaires, pentagones, hexagones, quelques-uns à sept ou huit pans, mais parfaitement réunis, et chaque angle saillant d'un prisme remplit exactement les angles rentrants formés par la réunion de ceux qui l'entourent. Les colonnes sur les-

La grotte de Fingal, vue de l'intérieur.

quelles on marche diffèrent entre elles, en hauteur seulement, de 3 ou 4 pieds. Lorsque la mer est tranquille, on distingue parfaitement sous les eaux le fond de la grotte qui présente l'aspect d'un beau parquet noir, composé de carreaux à quatre, cinq, six ou sept pans bien découpés.

« La lumière du jour, en perdant graduellement son éclat, arrive jusqu'au fond de la grotte, et, lorsque l'œil est habitué à l'obscurité de ces lieux, il peut y distinguer parfaitement tous les objets. Si, alors, on se retourne vers l'entrée, au lieu de ces longs buffets d'orgues noirâtres, on découvre un tableau qui repose les yeux fatigués par ce sombre spectacle : il semble qu'on ouvre les portes d'un temple ou qu'on lève le rideau d'un théâtre, et, quoique le ciel soit presque toujours chargé de nuages, on est ébloui par sa lumière, tant est grand le contraste de ces immenses murailles obscures avec la vue du ciel et de la mer. Au fond, à l'horizon, on distingue parfaitement l'île d'Iona, éloignée d'environ trois quarts de lieue, et de ce point la vue laisse apercevoir les ruines blanches de son abbaye, placées au-dessus des falaises noires contre lesquelles viennent se briser les flots [1]. »

Parmi les grands tableaux que la nature offre aux regards de l'homme, il en est sans doute de plus brillants et de plus doux; il n'y en a point, peut-être, qui laisse dans le souvenir un charme aussi durable Que de fois depuis l'époque éloignée où nous avons vu les hautes colonnades de Staffa s'enfoncer et disparaître sous le brumeux horizon du Nord, avons-nous été reporté par la pensée au fond de la grotte de Fingal, et avons-nous redit avec le barde moderne de la Calédonie :

1. PANCKOUCKE, *Voyage pittoresque aux Hébrides.*

« Ici, comme pour éclipser les temples construits par la main de l'homme, la nature semble avoir voulu en élever un à la gloire de son Auteur.

« Non ! ce ne peut être pour un but moins sublime qu'elle a dressé ces milliers de colonnes et jeté ces voûtes hardies sous lesquelles les vagues retentissantes s'amoncellent régulièrement et déferlent à grand bruit, de manière qu'entre chaque intervalle l'écho de la voûte sonore répercute sur des tons variés et prolongés une solennelle harmonie qui laisse bien loin derrière elle l'orgue de nos basiliques.

« Non ! ce n'est pas en vain que le frontispice de ce temple naturel se trouve placé en face de l'antique cathédrale d'Iona : des profondeurs mystérieuses de Staffa, la voix de la nature semble dire : « Voilà ce « que tu as pu faire, ô faible créature issue de la pous- « sière ; à force d'efforts et de labeurs tu as dressé cet « édifice qui te semble imposant... mais regarde le « mien [1] !... »

1. WALTER SCOTT, *Lord of the îles*, ch. IV.

VÉGÉTATION

Les pays fortunés de la zone équinoxiale, dans lesquels l'intensité de la lumière et de la chaleur humide développent tous les germes organiques avec tant de rapidité et de puissance, ne sont pas les seuls dont les descriptions animées aient jeté, de nos jours, sur l'étude de la nature un irrésistible attrait. Partout s'étend le redoutable empire des puissances de la nature qui ont apaisé l'antique discorde des éléments et les forcent à s'unir dans une harmonie commune, visible aussi bien dans les régions orageuses de l'atmosphère que dans le tissu délicat de la substance animée..... Le tapis végétal étendu sur le globe est inégalement tissu. Plus épais aux lieux où le soleil domine la terre de plus haut et brille dans l'azur profond du ciel, ou au milieu de vapeurs transparentes, il est plus clair-semé vers les sombres contrées du Nord, dans lesquelles le retour précipité des frimas ne laisse pas au bourgeon le temps d'éclore et surprend les fruits au milieu de leur maturité.

La hauteur extraordinaire à laquelle s'élèvent, sous l'équateur, non-seulement des pics et des chaînes de montagnes, mais des contrées tout entières, et l'abaissement de la température qui en est la conséquence, procurent à l'habitant de la zone torride la faculté extraordinaire de se transporter en quelques heures du sein des bois de palmiers et de bananiers, qu'embaument les épices et la vanille, sous l'ombre même des cyprès, des sapins et des chênes, en traversant la zone intermédiaire où les aloès et les cactus géants, les cierges hauts comme nos futaies d'Europe, tapissent les parois des brûlantes *cañadas*. Ainsi, sans s'éloigner du sol qui porta son berceau, l'indigène de ces régions favorisées peut contempler toutes les formes végétales attribuées à notre globe, de même que, dans la voûte céleste, il peut embrasser d'un regard tous les mondes lumineux semés d'un pôle à l'autre.

Ces jouissances et beaucoup d'autres encore sont refusées à l'habitant du Nord ; mais cependant chaque partie de la terre a ses beautés propres. Aux tropiques, la diversité, l'élévation, le lustre éclatant des formes végétales, au Nord, l'aspect des prairies et, après une longue attente, le réveil de la nature au premier souffle du printemps. A ce moment de l'année quel charme est supérieur à celui que l'on éprouve sous l'ombrage naissant des hêtres, sur les collines couronnées de pins épars et dans les vastes prairies où la brise murmure à travers le feuillage tremblant des bouleaux ? Qui, par un beau soir d'été, n'a aspiré avec bonheur l'atmosphère vivifiante des forêts de sapins, alors que le soleil scintille à travers leurs longs rameaux d'un vert sombre

Forêt de sapins.

comme à travers un vitrage gothique, qu'une odeur
d'encens s'échappe de leurs troncs résineux et que le
moindre souffle de vent, roulant sous leurs profondes
ramures, rappelle ou les soupirs de l'orgue, ou le bruissement lointain de la houle ? Le feuillage éternellement
vert des arbres résineux proteste contre les idées de
destruction et de mort qui naîtraient de la rigueur des
hivers, dans les contrées septentrionales, et rappelle
sans cesse aux peuples du nord de l'Europe, de la Sibérie et du Canada, jusque sur la limite des espaces
polaires, que, si la neige et la glace couvrent la surface
de la terre comme d'un linceul, la vie intérieure de la
végétation, non plus que le feu de Prométhée, ne peut
s'éteindre dans notre planète.

(D'après Humboldt, Tableaux de la Nature
et Cosmos.)

LA FORÊT VIERGE AU BRÉSIL.

.... Je ne suis jamais entré dans un de ces libres et
sauvages sanctuaires sans éprouver une émotion profonde. Ce n'était point terreur, ce n'était pas respect.
Je ne songeais guère aux esprits, aux fées des bois. Je
ne rêvais point légende, et le culte fatidique des anciens pour les mystères de la forêt sacrée n'entraînait
point mon âme vers les grands arbres, ces autels de
l'ombre. C'était l'infini, l'inconnu de cette création opulente, gigantesque, inépuisable comme la vie universelle, qui m'appelaient et me pénétraient. Au milieu de
cette circulation des sèves et de cet épanouissement des
formes, je me sentais petit, chétif, impuissant : la nuit
intérieure, la nuit de la science m'accablait, et l'esprit

moderne, ce grand chercheur, suait en moi toutes ses fièvres.

J'admire les savants qui, penchés sur un petit. her bier, vous disent : Étudiez de près la structure des tis sus internes; marquez l'absence ou le nombre des coty lédons; suivez l'évolution des germes; vérifiez les sexes, et vous pourrez ramener tout végétal à l'une des quatre grandes classes qui forment le règne. »

En vérité, cela n'est pas plus difficile ? Le secret de la vie des plantes serait une question de cotylédons ?

Je ne voudrais, à Dieu ne plaise, blasphémer la pa tience et le génie. Les grands maîtres botanistes, Ges ner, Adanson, Linné, Laurent de Jussieu, ont bien mé rité de la reconnaissance humaine, en donnant, pour règles de la recherche, les affinités naturelles, les ana logies organiques. Ils ont préparé l'atelier et simplifié l'étude. Mais en quoi ces classifications et ces méthodes ont-elles révélé l'être plante? Décrire n'est pas expli quer et le phénomène n'est pas la loi. Qu'on sorte d'ail leurs des petits musées, des cabinets bien clos, des serres chaudes, qu'on entre en plein bois vierge, et qu'on s'amuse à compter les cotylédons. Les encyclopé dies n'y suffiraient, ni les siècles !

Les forêts tropicales ne ressemblent guère, en effet, à nos grands bois d'Europe, où les espèces sont grou pées et font masse. Ici, les essences, variées à l'infini, se mêlent en confusion.

Un opulent désordre y marie les plantes, les fleurs, les sèves, et la vie déborde en feuilles, en fruits, au ha sard des calices qu'emplit la rosée. Le tapis n'est poin' un dessin régulier de graminées et de cryptogames, d'herbacées ou de mousses. C'est un chaos de végéta tion folle, de floraison émaillée qu'entrecoupent, çà et là, les fougères arborescentes; et, quant aux arbres qui font panache ou voûte, la nature et le vent les y ont jetés par milliers, comme dans l'espace la main de Dieu jeta les soleils.

Tout ce qu'on peut oser, en ce dédale rameux et touffu, c'est une esquisse générale des formes, c'est une modeste ébauche du plan intérieur et de ses merveilleuses constructions.

L'aspect général de la forêt vierge, telle qu'on la voit aux mornes brésiliens, c'est le fouillis d'un massif en amphithéâtre. Du fond des gorges s'élèvent et montent les premiers arbres, dont les troncs enfouis se cachent sous une végétation charnue, gigantesque et dont les tiges élancées font dôme ou corbeille.

On dirait que les racines du second plan donnent des feuilles et des fleurs; et c'est ainsi, d'étage en étage, jusqu'aux cimes où parfois apparaissent, au-dessus des dernières touffes, d'immenses blocs granitiques, tantôt inondés de soleil, et tantôt couronnés de nuées. Depuis le vert sombre et moiré, jusqu'au gris d'ardoise, du rouge-poupre au blanc-lilas, on trouve toutes les nuances, tous les tons, toutes les joies de l'œil, sur ce manteau de la forêt, tout frangé de fleurs.

Mais si l'on veut savoir les secrets du bois, ses distributions, ses hardiesses, ses fantaisies architectoniques, il faut entrer sous sa voûte et cheminer le plus loin possible, en ouvrant un sentier, la hache à la main. On comprend alors l'économie intérieure, si savante en ses désordres, de ces libres futaies. On voit la forêt en ses trois éléments : l'herbacée, la liane, l'arbre; et si l'on ne pénètre en rien le mystère des créations ni celui des forces, on peut du moins étudier et suivre, en ses formes extérieures, ce riche et vaste organisme.

Les herbacées, les plantes ligneuses modestes, les liserons brésiliens à la racine tubéreuse ou charnue, les *eusentes*, les *liseroles* aux fleurs blanches ou bleues, rampent, grimpent, se tordent, s'entrelacent, et, parasites d'en bas, s'attachent aux arbustes, aux troncs. Ils absorbent tous les sucs, ces charmants vampires, mais ne donnent-ils rien?

Il n'est pas une seule des malvacées, des casses borraginées, qui n'ait sa propriété purgative ou fébrifuge, et, si la botanique médicale étudie jamais de près ces humbles rampantes, à la racine, sous l'écorce et dans la fleur, elle trouvera plus d'un trésor. Ces plantes secrètent la vie.

Au-dessus des herbes basses et des convolvulacées, s'élèvent les lianes aux rameaux hardis et sarmenteux. Elles courent d'un arbre à l'autre, enlacent les troncs à les étouffer, décrivent des spirales, des courbes, s'allongent en ponts aériens, descendent, et de nouveau grimpent en échelles. Cette végétation est folle comme le caprice, et dans ses évolutions gymniques elle défie l'art et la fantaisie. Elle a des ondulations qui charment, des lignes qui étonnent. Elle touche à tout, se mêle à tout, aux herbes, aux branches, aux troncs, aux orchidées vivaces qui font à l'arbre corniches de socle ou fleurs de chapiteaux. C'est le parasite glouton et papillon; toute la forêt est son domaine.

Les artistes qui rêvent le monument étudient dans les vieux cartons des musées l'ionique, le dorien, le corinthien, le composite, le toscan et le moresque aux opulentes ciselures. Que ne vont-ils aux bois vierges étudier la liane, ce grand travailleur, qui jour et nuit avance, enlace, construit et s'étend? Ils trouveraient toutes les formes divines de l'art grec, toutes les fan-

Forêt vierge au Brésil.

taisics de l'esprit et des temps, mais variées à l'infini, se liant et s'épaulant dans ces deux conditions éternelles du beau : la force et la grâce.

Callimaque, l'architecte-sculpteur, rapporta jadis la feuille d'acanthe du tombeau d'une jeune Corinthienne, et cette fleur de l'art le fit immortel. Que de fleurs pareilles n'y a-t-il pas à ravir au bois vierge, et combien en cette pleine et riche perspective aux constructions merveilleuses l'étude serait féconde ! L'art devrait, comme la science, se renouveler, se rajeunir au sein de la nature : c'est là qu'est la voie du temps.

Et les marchands de bois, les ébénistes-sculpteurs, tous les grands ouvriers du meuble, du mât et de la charpente, que font-ils au chantier ou dans leur atelier avec leur noyer, leur chêne, leur sapin du Nord? Pour la construction et pour l'ornement, il y a ici cent et cent espèces d'arbres hauts et durs, qui naissent, grandissent et meurent, créations inutiles, essences ignorées, forces perdues....

.... Et les bois de teinture, et les arbres à gomme ou à résine, ou à écorce bienfaisante, quelles riches variétés n'en trouve-t-on pas dans ces forêts vierges ! L'on en a signalé beaucoup et classé quelques-uns; mais que d'essences sont encore inconnues, et que de sèves précieuses se perdent sous l'écorce !... De la sarmenteuse qui mord le pied des futaies jusqu'à la fleur qui les couronne, il y a certes bien des secrets et plus d'un spécifique.

Mais je n'ai point qualité pour étudier ces choses; je ne suis ni de la médecine, ni de la hache, ni du rabot, et, regrettant toutes ces valeurs perdues, je rentre dans ma forêt pour y rêver.

Il est six heures du matin. Le soleil dore les rideaux verts et sombres, mais ne les pénètre pas. Une seule gerbe de rayons passe en spirale, à travers les rameaux secs et blancs d'un vieux *irribira* foudroyé, et caresse à mes pieds des *ipomées* aux fleurs rouges. De petites caravanes en marche font bruire les feuilles et le gazon. Ce sont les travailleurs de la forêt, insectes, fourmis, lézards, qui vont en cueillette ou en chasse.

Les papillons se penchent aux calices qu'a visités l'abeille. La tribu des fourmis neutres s'en va par escouades chercher le puceron, et l'agouti peureux, tapi sous les mousses, ronge à l'écart feuilles et racines. Quant aux grands cabiais, aux cerfs, aux tapirs, ils déjeunent plus loin, sous les berceaux écartés, aux bas des roches; et l'on ferait bien des lieues à travers ces bois sans trouver l'*once :* la chasseresse aux raies blanches et noires a suivi les botocudos.

Au-dessus des lianes et des fougères, à travers les hautes tiges, quelques perruches bavardes criaillent sous le vert des feuilles. Des macaques au poil roux et brun, aux queues fourrées, hurlent et grimacent enroulés à la branche comme le mousse à la vergue. Des ouistitis, friands d'insectes, guettent ou font cabriole; la cigale épuise ses stridulations monotones, et les colibris courent le pollen. Les oiseaux-mouches, rubis ailés, petits narcisses de la fleur, et les coléoptères émeraudes, et les papillons diurnes à l'éclatant corselet, aux ailes bleues, toutes ces poussières de la grâce et du rayon, volent, se croisent, montent et descendent comme les étincelles d'un feu d'artifice, et vibrent, frappées d'or, dans la lumière des éclaircies et des lointaines échappées.

On fait moins de bruit, il y a moins d'éclat, en bas sous les pelouses. Il y a là pourtant tout un monde chercheur, animé, vivant. Les troncs d'arbres sont peu-

Intérieur de forêt vierge, lianes et orchidées.

plés, la racine a ses ruches, et l'écorce cache des légions ; la sève ruisselle, la vie est partout. C'est la création incessante, universelle, infinie, que rien n'épuise et qui vit de la mort.

.... Voilà ce que j'ai trouvé et ce que j'ai vu dans la forêt. Panorama riche et profond, orchestre doux et puissant, serre opulente en parfums, écrin de fleurs. Elle m'a donné toutes les joies des sens. Et l'esprit n'a-t-il pas eu ses rayons, ses éblouissements? Ce grand arbre au tronc droit et lisse, qui s'élance en palmier vers les nues, que deviendra-t-il? Je le vois déjà couché, sans écorce, au chantier, puis qui se dresse grand mât au navire et va promener au loin les pavillons et les idées. Il portera peut-être la voile bénie qui nous doit ramener au port aimé de la patrie perdue.

Monte en sève et grandis, grandis toujours, arbre du rêve et de l'espérance. Que la fourmilière s'écarte de ton tronc puissant, et que la foudre épargne ta tête !

.... Qu'elle est généreuse et féconde la forêt vierge des terres du Sud! Elle tend ses mamelles à tous, comme Cybèle sa mère. Elle a des germes, des essences, des sèves, des forces cachées, pour la science, l'art, le travail, et elle ne demande rien à l'homme. Elle abrite sous ses voûtes la vaste animalité qui s'ignore, depuis l'insecte jusqu'au jaguar, depuis l'infusoire jusqu'au singe. L'Indien lui-même y trouve son lit et son fruit, comme la plante ou l'abeille. Elle se suffit à elle-même, se renouvelle le long des siècles, également verte et jeune.

C'est un des grands êtres libres et souverains qui restent sur la terre, et quel est son secret? humidité, chaleur; — soleil et rosée.

Soleil et rosée dans la forêt, c'est dans l'humanité science et travail. La forêt n'est donc pas seulement un

poétique ensemble, le grand poëme des yeux, c'est une
philosophie profonde, c'est une révélation, qui proclame
une des grandes lois de la création.

(CH. RIBEYROLLES,
le Brésil pittoresque[1].)

UN PAYSAGE DE FRANCE.

.... Au centre du Berry, non loin des limites de la
Creuse et de l'Allier, est une localité peu connue des
promeneurs ; et pourtant elle n'est guère éloignée de la
Châtre et de Saint-Sévère, et ceux qui dépassent le vil-
lage et le manoir de Briantes (ancienne demeure des
Boisdoré), s'arrêtent presque toujours à la fontaine des
Fougères, sans se douter qu'à deux pas de là, ils décou-
vriraient un des plus jolis endroits du pays.

En effet, aussitôt qu'on a atteint le hameau et la tour,
maintenant ruinée, le terrain s'abaisse brusquement, se
nivelle, sous le passage d'un ruisselet très-clair et très-
agile, et s'abaisse de nouveau jusqu'au lit de la rivière,
où, après l'avoir dominée parallèlement de son lit plus
élevé, le ruisseau se jette ou plutôt se glisse d'une
façon espiègle, en passant à travers de grosses pierres
et en immergeant, faute d'un lit mieux creusé, le coin
d'une prairie, dont il couche à plat les grandes herbes,
mêlées de joncs.

Un moulin, aujourd'hui neuf et bien bâti, naguère
très-pauvre et très-bas, profite de ce joyeux ruisseau.
Là, on entre dans un vaste jardin anglais que les hasards du terrain et les besoins de la culture ont créé

---

1. Cet ouvrage, publié en portugais et en français à Rio-Janeiro,
a été interrompu par le décès de l'auteur, mort en exil.

sans en avoir conscience. De longues prairies en pente
douce encadrent la rivière, qui semble vouloir se cacher
sous des rideaux d'arbres et des buissons, mais qui,
par moments, découvre, comme malgré elle, son miroir
immobile retenu par une écluse et ses trois ou quatre
déversoirs inclinés où l'eau se presse, bouillonne et se
donne des airs de torrent. C'est après les pluies de mai
ou après les orages d'été que ces petits bras de l'Indre,
échappés d'un vaste réservoir mystérieusement ombragé
qui retient longtemps les eaux endormies, coulent tout
d'un coup à pleins bords et remplissent d'un bruit ar-
gentin la silencieuse oasis.

Le pays prend cet aspect imprévu au sortir d'une
lande aride. Le ruisseau qui bruissait gaiement sur la
petite chaussée verdoyante, s'échappant en nappes légères des berges çà et là ébréchées, les îlots étroits et
allongés qui séparaient les bras de la rivière, une quantité d'aunes, de trembles et d'ormeaux, des plantes sauvages qui baignaient avec volupté leurs racines délicates
dans le sable humide, plus loin, un bois épais en partie
inondé, de petits lacs sans profondeur où tremblait le
panache des graminées ; pas d'horizon, partout des arbres, du pâturage jusqu'aux genoux, un revers de colline hérissé de quelques blocs de grès et planté sans art
de massifs d'une grâce infinie, un véritable bocage d'o-
péra venu à point sans qu'aucun faiseur s'en fût mêlé ;
un grand air de mystère et d'abandon, de recueillement
et de rêverie, tel était ce sanctuaire.

Ces recoins ignorés, qu'un pli de terrain ou un dôme
de verdure cachent quelquefois pendant des années aux
explorateurs de la nature, ont de grands charmes pour
ceux qui les découvrent, conquête précieuse et fugitive
comme toutes les beautés qui ne se dérobent pas aux

outrages dans des retraites inaccessibles. Il suffit d'un
propriétaire qui a besoin d'argent ou d'un acquéreur
sans goût pour que ces belles végétations disparaissent
sous la cognée, et avec les grands ombrages, les eaux
pures, les grands réservoirs remplis, la moite fraîcheur
de l'atmosphère immobile, les plantes rares d'une localité, trouvaille et ivresse des botanistes.... Quelle vigueur de croissance, quelle fureur d'épanouissement,
quels sauvages parfums, quelle liberté d'allures et quelles
grâces imprévues dans la flore d'un petit coin de terre
respecté ou épargné par hasard ! Et comme toute la terre
serait belle, ô mon Dieu, si l'homme et les troupeaux
n'existaient pas !..

(GEORGE SAND.

ÉPILOGUE

Nous venons, mon enfant, de contempler rapidement quelques-uns (quelques-uns seulement) des grands traits dont la main de Dieu a marqué notre globe, et partout, sous les pôles et sous l'équateur, dans la flamme des volcans comme dans les profondeurs insondées de la mer, sur les crêtes neigeuses qui percent les plus hautes couches de notre atmosphère comme dans les tièdes et brillantes vallées des tropiques, partout nous avons trouvé la nature majestueuse et féconde. Partout aussi nous avons pu nous convaincre que les objets même les moins perceptibles à nos sens, comme les phénomènes les plus grandioses et les plus terribles, peuvent devenir pour l'homme une source d'études et de jouissances.

Que serait-ce donc, si nous pouvions suivre la nature au delà de notre séjour terrestre, et planer avec elle, de soleil en soleil, dans l'espace sans fin?...

« Il y a, dit Alexandre de Humboldt, il y a dans l'image de l'infini, dans tout ce qui semble à nos faibles yeux sans mesure et sans limites, une force qui éveille en nous une disposition grave et solennelle, quelque chose d'analogue à l'émotion que font toujours naître la grandeur intellectuelle et l'élévation morale. »

Si l'évidence de cette grande pensée vous frappe, mon enfant, vous avouerez que je ne pouvais mieux clore ce volume que par les belles considérations suivantes, inspirées par le même ordre d'idées.

LE CIEL.

La terre a disparu dans l'ombre, et nous n'apercevons plus autour de nous que les flambeaux du firmament. Les poëtes nous parlent des voiles que la nuit étend dans le ciel : n'est-ce pas la nuit, au contraire, qui enlève ceux dont le ciel demeure couvert pendant le jour ? Si notre soleil nous manque, en voici d'autres qui se présentent à nous par milliers pour le remplacer, et plus reculés dans les profondeurs de l'étendue, leur perspective n'en reçoit que plus de grandeur. Autant la majestueuse multitude des mondes l'emporte sur le globe chétif où nous sommes en ce moment, autant le ciel de la nuit me paraît supérieur au ciel du jour. Pour ceux qui sont accoutumés à ne point séparer les impressions sensibles des réalités dont ces impressions donnent témoignage, le ciel de la nuit forme, sans contredit, le plus grand spectacle dont il soit donné à l'homme de jouir sur la terre, et je ne doute pas que, s'il n'existait dans ce monde qu'une seule ouverture par où l'on pût plonger ainsi ses regards dans le mystérieux édifice de l'univers, on affluerait des contrées les plus éloignées vers ce lieu privilégié ; tandis que l'habitude de voir les étoiles finit par émousser chez la plupart d'entre nous cette noble curiosité. Mais supposons que, n'ayant jamais eu connaissance que de l'enveloppe aérienne à laquelle le langage commun abandonne d'une manière si abusive le nom de ciel, nos yeux vinssent à se dessiller tout à coup et à nous faire apercevoir les soleils qui brillent actuellement sur nos têtes, de quelle émotion, nourris dans l'idée d'une seule terre et d'un soleil, ne serions-nous point saisis à cet aspect?

Ce qui m'y touche le plus, ce n'est pas l'éclat de ces masses puissantes, ni les prodigieuses distances qui les séparent l'une de l'autre, ni leur entassement, ni les durées incomparables de leurs révolutions, ni même la merveille de ces pâles nébuleuses, suspendues dans les déserts de l'abîme et dont chaque poussière est un monde; c'est la présence des âmes que réunissent autour d'eux ces innombrables foyers. Je ne puis distinguer les populations, mais je vois les fanaux qui les rallient, et j'admire que les rayons que nous percevons ici soient aussi les rayons qui éclairent tous ces frères célestes. Nous respirons tous ensemble dans la même lumière. Les scintillements des étoiles me sont comme une image des regards qui se croisent de toutes parts dans l'espace, et dont les plus clairvoyants descendent vraisemblablement jusqu'à nous et nous observent. Grâce aux révélations de la nuit, nous sommes en mesure de comprendre au juste où nous sommes: l'immensité s'anime, et, sous la figure des astres, nous découvrons l'auguste assemblée des créatures assises en cercle, sous nos yeux, sur les gradins infinis de l'amphithéâtre de l'univers. Comment n'être pas agité au fond de l'âme, à l'idée de tant d'êtres inconnus et inimaginables qui nous environnent, partageant avec nous le même temps, le même espace, le même éther, et, sous la main du même souverain, se précipitant, à travers les tumultes variés de la vie, vers la même fin.

Que d'organisations diverses! que de destinées! que d'alternatives de biens et de maux! que d'épreuves! que de passions en mouvement! que d'élans! que de désespoirs! que d'adorations et de prières! Dans l'apparente immobilité des constellations, quel effrayant fourmillement! Ce ne sont pas seulement les jugements de Dieu qui se prononcent, ce sont les jugements de Dieu qui s'accomplissent.

(Jean Reynaud, Terre et ciel)

FIN.

TABLE DES MATIÈRES

FIN DE LA TABLE DES MATIÈRES.

1152 — PARIS, IMPRIMERIE LALOUX Fils et GUILLOT

7, rue des Canettes, 7